品質不正はなぜ起こるのか

SOMPOリスクマネジメント株式会社 著

日科技連

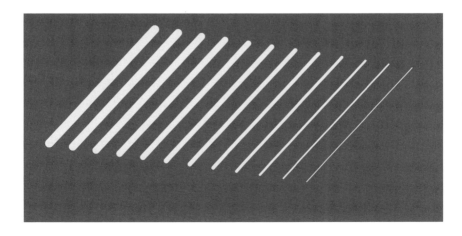

はじめに

　2000年代以降、国内の有名メーカーや大手建設会社などにおいて、品質不正問題が次々に明るみとなった。リコール隠し、無資格検査、検査データの改ざん、それにもとづいた無告知での特別採用、原材料や製造工程の勝手な変更、食品の原産地や銘柄の偽装など、さまざまなタイプの品質不正が発覚した。

　特に、2017年から2018年にかけての自動車メーカーや鉄鋼メーカーの品質不正事案発覚以来、日本を代表する大手企業において次々と同様の問題が発覚し続けている。事案が発覚する度に、「ものづくり大国日本の信頼が揺らいだ」「日本の製造業の凋落の現れだ」と、多数のメディアで取り上げられ、ネガティブに報道されてきた。

　このような報道があると、大企業であっても取引先からの信頼を失って売上低迷の大きな要因となる。上場企業では大きく株価が下がり、いまだに戻りの悪い企業も散見される。社長をはじめとしたトップマネジメントが辞任に追い込まれる一方、あまり報道されてはいないが、不正に関与した現場部門の管理職や担当者も責任を問われて左遷されたり、転職を余儀なくされたりすると聞く。採用活動にも影を落とし、優秀な人材を獲得しにくくなり、もともと偏りのあった従業員年齢構成がさらにいびつになって、社内の雰囲気が悪化する状況も見られる。このように、品質不正の発覚は、当該企業に長期的なダメージを与え、競争力を奪うのである。

　本書執筆者の一人である古字は、危機管理コンサルタントとして品質不正の連鎖的発覚を苦々しい気持ちで見てきた。コンサルタントとして駆け出しの頃、食品企業における産地偽装や表示法令違反、自社ルール違反が次々発覚し、その危機対応支援や、不正を発生させない組織づくりのお手伝いをしてきた。全国で食品企業向けコンプライアンス研修会を何度も実施した。ただこのような問題は、中小企業が多く内部統制が未熟な食品業界に特有のものかもしれない、

はじめに

と何となく考えていた。

　しかしそうではなかった。納期に追い立てられる環境、サプライチェーン下流からのプレッシャー、品質、検査部門の脆弱性、経験と勘と度胸（いわゆる"現場のKKD"）があれば多少ルールを破っても構わないだろうという思い込み、品質よりも利益を重視する経営者。

　もちろんこれはわが国固有の問題ではない。日系企業が進出するアジア諸国や欧米のいわゆる"一流企業"でも、経営陣をも巻き込んださらに悪質な品質不正が発生している（部品メーカーも関与したと言われている自動車メーカーの排ガス不正問題はよい例である）。とはいえ、マーケティング下手で斜陽の経済大国、と揶揄されてきたわが国では、品質こそプライドの源泉であり、最後のよりどころであった。それなのに、これほど連続して不正が連続発覚してしまうとは。自尊心のコアに傷がついてしまった以上、今後我々は一体何を誇りにわが国の産業を発展させていけばよいのだろうか。自信をなくしている読者も多いのではないだろうか。

　本書は、自らの会社を、あるいは日本の産業の今後を憂う読者諸氏とともに、もう一度明るいモノづくりニッポンの未来を探していきたい、という想いから執筆を始めたものである。もう一度、自分が作っている製品、提供しているサービスにプライドを持てるように、それらがどんなふうに社会の役に立っているのか、自分の家族や子供たちの笑顔に結びついているのか再認識してもらえるようにしたい。また、社風やコミュニケーションの改善、それによって品質不正とは縁遠い職場づくりを進めている現場の方々の、そしてそれを支え続ける品質部門の方々や経営者の方々の参考になればと願っている。そして、万が一不正が発覚しても迅速対応で会社の信頼を守り、危機を乗り越える助けになりたい。そのような想いのもと、本書には筆者たちの品質不正予防や危機管理に関するコンサルティング経験、そしてそこで獲得した知識を詰め込んだ。また、実際に一社員として自社の品質不正事案に遭遇し、大変な苦労を経験した方々、そしてその家族の実話も盛り込んでいる。

　地道な努力も方向性を間違っては十分な効果が発揮できない。品質不正を予防する毎日の取組みと、万が一の際に参考になる手順について、さまざまなヒントを盛り込んだと思っている。ぜひ本書を参考に、品質不正が自社でも起こり得る（あるいはすでに起こっている）ことを再認識し、"自分ごと"として

はじめに

日々の品質コンプライアンスの取組みをバージョンアップしていただきたいと考える。そして、これによってあなたの会社の明るい未来を、ひいてはモノづくりニッポンの明るい未来を、切り開いていこう。

2024 年 9 月

著者を代表して
古字　朗人

品質不正はなぜ起こるのか
目　次

はじめに………iii

第1章　社会問題となった品質不正………1

第2章　品質不正と不正のトライアングル………5

2.1　そもそも品質とは？………5
2.2　品質不正は、オモテの品質のみならず、ウラの品質違反も含む………7
2.3　不正のトライアングルという考え方………9
2.4　不正のトライアングルを品質不正にあてはめる………11

第3章　品質不正にかかわる想定ケース………15

3.1　想定ケースNo.1：自動車部品メーカーによる検査データ改ざん………16
3.2　想定ケースNo.2：電気ケーブル製品メーカーによるUL規格違反………21
3.3　想定ケースNo.3：金属加工メーカーによる仕様逸脱………25

目　次

3.4　想定ケース No.4：日用品メーカーによる検査データのねつ造　………28
3.5　想定ケース No.5：樹脂成型メーカーによる開発不正………31
3.6　想定ケース No.6：電子部品メーカーによる不適合品納品………34
3.7　想定ケース No.7：化学原料メーカーによる検査不正………39
3.8　想定ケース No.8：おもちゃメーカーによる ST 基準違反………43
3.9　想定ケース No.9：産業用設備メーカーによる利益優先………47
3.10　想定ケース No.10：食品の産地偽装………50

第4章　品質不正を予防するために………53

4.1　品質方針………53
4.2　品質保証体制………58
4.3　品質不正をチェックする監査………61
4.4　不正防止のための検査システムの構築………65
4.5　設備の更新………68
4.6　増産、減産時の対応検討………69
4.7　適度な人事異動………72
4.8　適正な成果目標設定………73
4.9　品質不正に対する教育体制………74
4.10　品質関連部門への意識改革………89
4.11　コミュニケーション………90
4.12　品質意識の実態把握という手法………99

第5章　不正覚知後の危機対応………103

5.1　不正発覚の端緒………104
5.2　発覚後の初動対応………117
5.3　品質不正の危機対応事例………146
5.4　危機対応のための平時の準備………147

おわりに　過去の不正への向き合い方、そしてこれから………149

参考文献………153
索　引………155

装丁・本文デザイン＝さおとめの事務所

第1章

社会問題となった品質不正

　工業製品、食品、建造物、あるいは各種サービスの不正や偽装は、有史以前にさかのぼるともいわれている。『食品偽装の歴史』[1]によれば、古代ローマ時代にはすでにワインを水で薄めてかさ増しするだけでなく、鉛を酸化防止剤として添加し、健康被害を起こしていたようである。食品だけでなく、品質、原材料の偽装は歴史的に見ても珍しいことではなかった。商取引の基本となる通貨さえ頻繁に偽造され、むしろそれが通用力や価値を持っている時代さえあった。

　2000年代以降のわが国日本においても、経営者が主導して、あるいは組織ぐるみで品質の不正や偽装に手を染めた事案が頻発した(表1.1)。例えば、外国産の牛肉を国内産と偽装した、あるいは和牛とはいえない国内産牛肉を和牛と偽装した事案、建物の耐震強度を偽装した事案、死亡事故にもつながったリコール隠し事案等、記憶に残る「事件」が次々と起こった。

　ただ、2010年代後半に立て続けに発覚した品質不正事案は、上記のような意図的な偽装、悪いとわかっていて組織的に手を染めてしまう偽装とはやや毛色を異にしている。たしかに法令には抵触していたり、顧客との品質協定に違反したりはしているが、"現場のKKD"(製造現場の俗語として語られる"経験と、勘と、度胸")からすると問題ない、という事案である。

　すなわち、安全性にはまったく問題ない、機能性にも問題がない、顧客からのクレームも出ていない。ただ、「規格や基準、製品仕様の公差からほんのちょっと逸脱しているだけなので何も告げずに正規品として納入した」あるいは「検査報告書の数字をちょっとだけいじった」「原材料を変え、工程ルールを変えたけれど製品には影響しないので変化点報告をしなかった」という事案である。

　行為者側は「何も悪くないし誰も困らないでしょ？」という意識、あるいは先輩から通常の業務として引き継がれたので何の問題意識も持たないまま、こ

第1章 社会問題となった品質不正

表 1.1 我が国で発生したさまざまな品質不正、偽装事案（その一部）

発覚年	業種	概要
2000 年	自動車メーカー	リコール隠し
2001 年	食品メーカー	外国産の牛肉を国内産と偽装
2002 年	食品メーカー	牛肉ミンチの偽装
2002 年	発電所	点検で発見した不具合を隠して記録を改ざん
2005 年	建築設計事務所	マンションやホテルの耐震強度を偽装
2006 年	食品メーカー	使用期限切れの原材料を使用
2007 年	建材メーカー	建築用耐熱パネルの性能を偽装
2007 年	食品メーカー	製造年月日の偽装
2013 年	ガス会社	修理箇所を放置して虚偽の内容を報告
2015 年	医薬品メーカー	承認書と異なる手順で医薬品を製造
2016 年	自動車メーカー	燃費性能のデータ偽装、無資格者による検査
2016 年	鉄鋼メーカー	金属製品における検査データの改ざん
2017 年	自動車メーカー	無資格者による検査
2017 年	ガス会社	検査を省略して点検記録を偽装
2018 年	電子機器メーカー	顧客に製造拠点を偽って製品を出荷
2018 年	自動車部品メーカー	検査を実施せずに過去のデータを転用
2019 年	部材メーカー	エンジン用補修部品で法令違反
2020 年	総合電機メーカー	各種検査不正、不適合品の出荷
2021 年	医薬品メーカー	承認書と異なる手順で医薬品を製造
2021 年	部材メーカー	アルミ板製品の規格認証検査不正
2022 年	医療機器メーカー	故障を偽装して部品を販売
2022 年	自動車メーカー	排出ガスや燃費に関する認証不正
2023 年	ゼネコン	複合ビルの施工不良とその虚偽申告
2024 年	自動車メーカー等	各種認証不正

れらの行為に手を染めていることが多いのである。

　このように、自分の行為を悪いと思っていないために通常業務として行われ、上司や同僚も気づきにくいことがあり、社内の品質不正点検でもなかなか明らかにならない場合が多い。あるいは問題かもしれないと思っても「必要悪」として、あるいは先輩やまわりに迷惑がかかると思って、あえて告白しない、というパターンもある。

　とはいえ、いよいよ 2017 年以降、このような「気づきにくい」品質不正についても社会問題として多く報道され、隠れていた不適切事案が明るみに出た。

各社が事態を重大視し、真摯に調査を行ったがゆえに、あるいは従業員一人ひとりの品質コンプライアンス意識が高まり内部通報や告発が増えたがゆえに、日本企業において連鎖的に品質不正事案が発覚してきたといえる。

第2章

品質不正と不正のトライアングル

　第1章で述べたように、さまざまな品質不正事案が発生しているが、品質不正とはそもそもどのような行為なのか明確に定義をしてこなかった。本章ではまず「品質」というものの定義を確認したうえで、これを破ってしまう品質不正、さらにはその直接的な原因を分析する手法である「不正のトライアングル」について語っていきたい。

2.1　そもそも品質とは？

　品質とは一体何か？
　品質については、ISO（International Organization for Standardization：国際標準化機構）やJIS（Japanese Industrial Standards：日本産業規格）などの各種工業規格でも定義されている。ISO 9000：2015／JIS Q 9000：2015における品質の定義は、以下のとおりである。

> Degree to which a set of inherent characteristics of an object fulfils requirements
> （対訳：対象に本来備わっている特性の集まりが、要求事項を満たす程度
> 【ISO 9000：2015／JIS Q 9000：2015】）

　ただ、これだけではなかなか理解することが難しい。
　端的にいえば、品質の1つの側面は、
　「相手がほしいと思った機能性と安全性がしっかりあること」だといえる。
　すなわち、**①製品そのものの品質**である。
　ただ、機能性や安全性は目に見えないことも多い。そこで、

第2章　品質不正と不正のトライアングル

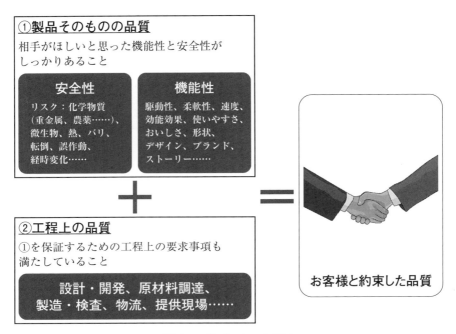

図 2.1　品質、2つの側面

「機能性や安全性を保証するための工程上の要求事項も満たされていること」が、品質のもう一方の側面であるといえる。

すなわち、②工程上の品質である。

それぞれ考えてみよう（図 2.1）。

2.1.1　【製品そのものの品質】
相手がほしいと思った機能性と安全性がしっかりあること

　まずは製品やサービスそのものにおいて、事業者間で約定し、あるいは消費者にアピールしている機能性や安全性が備わっていることが必要である。なお本書では、目に見えない価値（こだわりの原材料や製造方法というストーリー、すなわちブランド価値）についても機能性に含むものとする。顧客、消費者の心に響いて満足感を与える、という点で機能性の1つであると考える。

　これらを相手方の要求（相手と自社との契約によって約定）どおりに提供することが、第一の品質である。このような"製品そのものの品質"は、多くの人

が思い描く「品質」であろう。
　いわゆる「狩野モデル」[2]において定義される製品の品質（"当たり前品質"や"一元的品質"等）もこれに該当する。

2.1.2 【工程上の品質】
「製品そのものの品質」を保証するための工程上の要求事項も満たされていること

　他方、これら機能性や安全性をしっかりと保証するためには、以下のようなことが必要である。
① 設計、開発、原材料調達、製造、検査工程、物流、提供現場等という一連の製品提供フローやサービス手順が標準化、明確化され、ルールに従って、運用されていること
② 運用結果が正直に記録として残されていること

　製品やサービスの機能性や安全性は目に見えないものが多い。ブランド価値やストーリーはもちろん、経時変化による機能性や安全性の劣化が、本来保証された時間よりも早く到来してしまうこともある。そのような、顧客が見えにくい製品・サービスの問題を生じさせないために、製品・サービス提供の工程も、相手方の要求どおりに実施されている必要がある。
　このように、品質には製品そのものの機能性、安全性という側面だけでなく、それを保証するための工程品質という側面があることを改めて押さえておく。そして、製品品質のみならず、工程品質も嘘偽りなく守っている、という点が品質コンプライアンスなのである。

2.2　品質不正は、オモテの品質のみならず、ウラの品質違反も含む

　過去の品質偽装案件では、先述した品質の「オモテ面」である「①製品そのものの品質」、すなわち製品、サービスの機能性や安全性そのものを偽る、偽装するという直接的な不正が多かった。
　リコール隠しであれば、製品の安全性に問題がありそうだとわかっていてこれを公表せず、死亡事件まで招いてしまった。ホテルの食材偽装事件では、芝エビではなくタイ産のバナメイエビだとわかっていて、「芝エビ」であると偽

ってメニューボードに書き、提供し続けた(バナメイエビも十分においしいエビであるが、国産の高級エビであるというブランドやストーリーを偽ったという点で機能性を偽ったといえる)。

一方で、2017年以降に多く発覚した品質不正事案は趣きを異にする。むしろ品質の「ウラ面」である「②工程上の品質」、すなわち工程上の品質のルールを破るという事象がクローズアップされた。

具体的には、「機能性と安全性にはまったく影響しないだろう」「多分大丈夫だろう」という"現場のKKD"にもとづき、原材料や工程を変更していた、検査データを「修正」していた、無資格者が検査をしていた、といったような行為が多数を占めていたのである。

世間で品質不正と連呼されながら、具体的には品質のどの要素に違反しているのか必ずしも明らかにされず批判されるものが多かった。②のような、機能性と安全性に影響がないと思い、「大丈夫だろう」と思って工程上の約束違反に手を染めてしまうものが多数であるとの認識が不十分であった。**「大丈夫だろう」と思っているから、不正の実行者には「悪い」という「まずい気持ち」がそもそもないのである。だから、「その行為がルール違反だ」「顧客との約束違反だ」「コンプライアンス違反だ」と連呼したところで、彼らの気持ちには響かない。**これは今後の品質コンプライアンス教育を進めていくうえで絶対に忘れてはいけない点である。

「コンプライアンス違反だ」とふわふわした横文字で語る前に、「なぜそれがよくないのか」「なぜそれがお客様にも、自社にも不利益になるのか」を心底納得してもらう必要がある。

コンプライアンス(狭く言えば法令遵守、広く言えばあらゆる約束やルールを守ること)という言葉を散々使ってきて恐縮であるが、筆者はそもそもこの言葉が、日本の不正防止教育にわざわいをもたらしてきたと考えている。つまり、猫も杓子もコンプライアンスという昨今、「理由はともあれルールを守れと会社は言いたいんだろう。わかった、わかった(まあ適当にやっておこう)」というルールの氾濫に辟易する思いが、教育を受ける側に溜まっているのではないか、ということだ。

「そのルールがなぜあるかよくわからないし、あえて聞くのも面倒くさい」「多少破ったとしても顧客や消費者の期待を裏切ることはない」「経験上多分大丈夫だろう」という思い。あるいは、「そもそもルール自体が時代遅れなので

はないだろうか」という思い。そのように、ルールの意味合いを十分教育されないまま、ひたすら「コンプライアンスだ」といわれることにストレスを感じることが、ルール軽視につながっているのかもしれない。その結果あらゆる業界で製品そのものの品質不良が多数起こっていることを、つまり「大丈夫だろう」では通用しないことを、わかってもらう必要がある。

　また、製品品質そのものに影響がなかったとしても、勝手にルールを変更したり破ったりすることで、顧客や消費者に、約束を守らない会社であると思われることがもっとも危険である。「もしかしたら他の工程ルールや、製品品質も破っているのではないか」と疑われかねないのである。すなわち、勝手なルール変更は、「会社の信頼に傷がつく」「そして取引を失う」という不利益につながる。製品自体の問題はスポット的な対応で完了する場合もあるが、一度信頼に傷がつけば何年、何十年にもわたって「あの会社は約束を守らない会社である」と業界常識として定着してしまう。それが一番怖いということを理解してもらう必要がある。

　製品そのものの問題はもちろん、長期にわたる会社信頼の傷つきという2つの影響。これらの重大な影響が品質コンプライアンス違反から生じることをどのように伝え、納得してもらうか、今後我々が真に向き合うべき課題である。

2.3　不正のトライアングルという考え方

　品質のオモテ面に対する意図的な偽装、不正、品質のウラ面に対する悪いと思っていない不正。それぞれの不正がどうして、どのように発生するのか、その原因を考えるうえで有用な考え方がある。

　それが、米国の組織犯罪学研究者であるドナルド・R・クレッシーが提唱した「不正のトライアングル」論[3]という考え方である。クレッシーは著書の中で、人から預けられたお金を領得するという横領行為が発生するのは、以下の3要素が揃った場合であると述べている。

≪不正のトライアングル≫
① 他人に打ち明けられない問題(**動機やプレッシャー**)
② 信頼を裏切るだけの**機会**
③ その行為を適切なものであると定義する一連の**正当化**

第2章　品質不正と不正のトライアングル

　そして、これらの要素のいずれか1つだけでは横領には至らず、すべての要素が揃えば横領は起こり得ると、組織内犯罪事例に対する多数の分析結果をもとに結論付けている。

　金銭に関する不正行為はさまざまに想定されるであろう。たとえば、業務委託した会社に対して便宜を与えるかわりに多めの経費を請求させ、その一部を個人が作ったダミー企業に振り込ませて資金を還流させるという手口がある。予算の執行権限を持った上級管理職で発生しやすい。

　より身近な事例として、出張の多いビジネスパーソンであれば、出張旅費の架空計上やかさまし計上といった不正が容易に想定される。もっとも単純なのは、架空の出張を計画し、新幹線チケットを購入したうえで金券ショップに売ってしまうことだ。

　その原因を不正のトライアングルで分析すると、図2.2のようになる。

　金銭不正の動機としては、お金がほしい、足りない、ということがもっとも多い動機である。

　一方で、そもそもかさ増し計上やカラ出張等の不正行為をすることにスリルを感じ、やめられない、中毒症状になっていた、というパターンもある。いずれにしても金銭不正を行う動機が必要である。

　次に、そのような動機があっても不正行為を許してしまう機会がなければ実施はできない。この点、経理部門の領収書チェック体制が甘い場合、あるいは、

例：出張旅費のかさまし計上

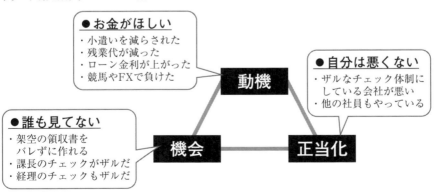

図2.2　品質不正のトライアングル（出張旅費かさまし計上の例）

チェック体制があっても管理職が忙しすぎて適当に承認印を押すような運用状況であれば、不正を実施しやすい機会が生まれる。

とはいえ、動機と機会がそろっていても、人は道徳心を生来的に、あるいは後天的に獲得しているものである。自分が犯そうとする不正行為に対して自制心が働く。また、過去に手を染めた不正行為に対して罪の意識を持ち続けることは心理的な負担になる。

これを緩和するのが正当化である。他の社員も罪の意識を持たずに通常のこととしてやっている、そもそも会社もカラ出張が悪いというなら効果のあるチェック体制を敷けばよいのにそれをやっていない、さらには物価高のこの時代、他社が給料を上げているのに検討もしていない。であればこっちも会社の金銭やコンプライアンスを尊重する必要がない。このように正当化する理由を見つけ出すことで、自らの罪の意識を緩和するのである。

動機、機会のほかに、いよいよ自制心を解き放つ正当化という要素も加わり、社員は金銭不正に手を出すことになる。

企業側としては、動機、機会、正当化という要素をベースにしながら、各社員が置かれた状況、会社側のチェック体制の有効性、そして、「会社側が社員を尊重してなすべきことをなしているか」という観点からそれぞれ分析し、各要素を潰すことが不正低減の早道になる。

このフレームワークは金銭不正その他企業内部での不正抑止の取組みにおいて常識となっている。社風や外部環境は各社によって違うが、この3つの要素（動機、機会、正当化）を各社にあてはめて分析すれば、予防手段は見つかる。

そこで筆者は、この考え方を品質不正にも応用できないかと思うようになった。

2.4　不正のトライアングルを品質不正にあてはめる

不正のトライアングル論は金銭不正のみならずおよそすべての不正行為（英語で言うところの"fraud"）にあてはまる心理学的アプローチといってよい。

実際に、これまで世間で報道されてきた2017年以降の有名な品質不正事案や、筆者が相談を受けコンサルティングをしてきた不適切事案にあてはめてみると、金銭不正と同じようにわかりやすくその原因を分析できることに気づいた。

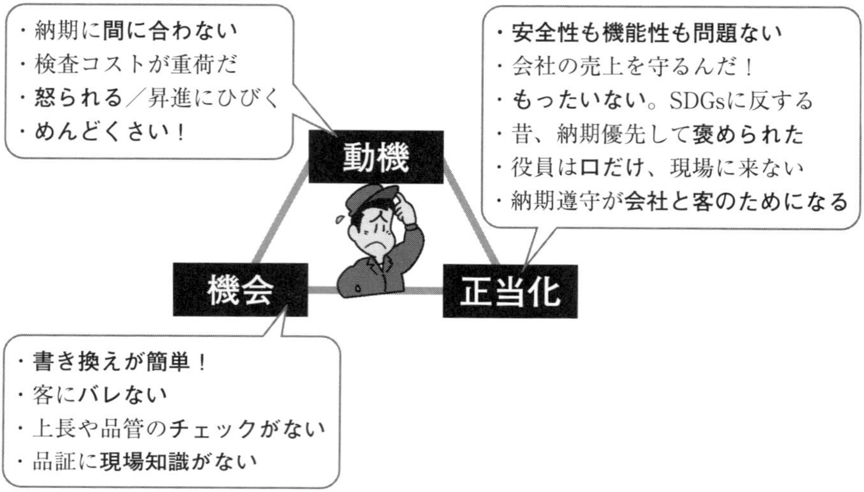

第2章　品質不正と不正のトライアングル

動機
・納期に間に合わない
・検査コストが重荷だ
・怒られる／昇進にひびく
・めんどくさい！

正当化
・**安全性も機能性も問題ない**
・会社の売上を守るんだ！
・もったいない。SDGsに反する
・昔、納期優先して**褒められた**
・役員は口だけ、現場に来ない
・納期遵守が**会社と客のためになる**

機会
・書き換えが簡単！
・客にバレない
・上長や品管のチェックがない
・品証に**現場知識がない**

図2.3　"品質"不正のトライアングル

あてはめた結果を模式的に示したのが図2.3である。
まず動機の点については以下のように推察できる。

《品質不正特有の動機の例》

　増産につぐ増産という生産状況において、ヒトが足りず、設備も足りず、その疲労によって不良率も高まり、納期だけが迫っているという状況。納期に間に合わない、しかし合格品の数が足りない、規格の公差の下限値を数パーセント下回っても、経験上問題はない。であれば……

という思いが現場検査員の心に生じることはあり得る。実際多くの報告書でもこの点が指摘されてきた。
　とはいえ、現場の従業員が生産数の不足に負担や責任を感じる必要は本来ないはずなのだ。正直に検査NGであること、生産数が足りないことを誠実に報告することが役目であり、その後どうするかはライン長や工場責任者の判断である。ではどうして、あえて不適切行為に手を染めてまで納期を守ろうとするのか。
　筆者は、その深層心理として、「めんどうはいやだ」という思いがあるのではと考える。例えば、以下のような場合である。

2.4 不正のトライアングルを品質不正にあてはめる

> 《深層心理における動機》
> 　正直に生産数が足りなくなると報告すれば、あの上長は嫌な顔をするだろう。それでも報告を受けたからには、上長は何とかしなければならないとしてアクションをするだろう。工場長や営業とも折衝して、納期を遅らせる交渉をさせなければならない。上長や他部門社員のストレスがどんどんたまるだろう。そうすると、「なんでもっと早く報告しなかったのだ」「生産や検査の技量が低いのではないか」「日頃の5Sが不十分だったから生産に影響するんだろう」などと、八つ当たりされる。これまでもそうだった。結局自分に返ってくる。機嫌が悪くなるだけでなく、さらにチェック項目が増えて工数が増える。そんなめんどうに巻き込まれることはいやだ。

　この従業員の心理については、次項の事例分析においてさらに掘り下げて考える。

　次に機会の点については以下のような要素が考えられる。これらについては各種品質不正事案の第三者調査結果報告書でも述べられている。

> 《不正実施の機会》
> ① 記録の仕組みに問題があり、データの書き換えが簡単でバレない。
> ② 上長や品質管理部門の異動が多く、現場の詳細について理解しておらず、担当者がやりたい放題にできる。

　最後に正当化には以下のような理屈付けが用いられることがある。

> 《品質不正特有の正当化の例》
> ① 「現場の経験と勘と度胸からして、安全性にも機能性にもまったく影響しない」いう現場担当者の自信
> ② 「クレームが来たことがないから大丈夫だろう」という思い込み(ベテランほどこの思いが強い傾向がある)
> ③ 「若い品質管理担当者がデータに基づいてとか、定量的にリスクがあるとか訳の分からないことを言っているが、現場を知っているのは自分

第2章　品質不正と不正のトライアングル

> だ、この工場をまわしてきたのは自分だ」という自尊心
> ④　多少のリスクをオーバーに考えるより、とにかく納期を守ることが客と自社のためになる、それによって互いの利益を確保できる。

また、筆者はヒアリングで以下のようなコメントをたびたび聞いた。

> 本社の役員は日頃「品質、品質」と偉そうに言っているが、工場に顔を出すこともない。たまに顔を出しても挨拶1つしない。自分たちを尊重していない。そんな役員たちのために理由もわからないルールをなぜ守る必要がある。

こうした不満がルールを尊重する必要などない、という気持ちにつながっているのかもしれない。自分たちを人として、会社のコアの要素として大切にしてくれているか否か、これを実感できるか否かが正当化をさせるか否かの分水嶺になっているケースもある。

このように、品質不正においても不正のトライアングル論にもとづいた分析は有用である。次項においては、動機、機会、正当化という3つの要素を常に念頭に置きながら、さまざまな不正の事例を分析し、その対策を検討していきたい。

第3章

品質不正にかかわる想定ケース

　過去に起こった品質不正事例を見ていると、事例によってさまざまな視点、背景、要因があり、品質不正に至っていることがわかる。そこで本章では、過去のさまざまな品質不正事例を参考として、各事例で確認されたさまざまな背景、原因要素を織り込んだ想定ケース（表 3.1）を作成し、これについて解説する。

表 3.1　想定ケースとポイント（1/2）

No.	想定ケース	不正に至る背景、原因のポイント
1	自動車部品メーカーによる検査データ改ざん	(1) 検査結果を容易に修正できる環境 (2) 現場作業員に任せきりの体制 (3) 上長とのコミュニケーションの問題 (4) 社内品質監査の形骸化
2	電気ケーブル製品メーカーによる UL 規格違反	(1) 意図的な不正マスターサンプルの作成 (2) 定常化した不正運用 (3) 認証規格制度などへの理解不足 (4) 不正を容認する企業の風土
3	金属加工メーカーによる仕様逸脱	(1)「安全や機能に問題ない」という誤解 (2) 企業トップのコンプラ意識の欠如 (3) 他社からの受注奪取のプレッシャー
4	日用品メーカーによる検査データのねつ造	(1) 架空の検査結果でデータをねつ造 (2) 不正のためのプログラム作成 (3) 品質保証部が不正を主導 (4) 品質保証部が製造部門の中にある
5	樹脂成型メーカーによる開発不正	(1) 開発時点での不正問題 (2) 顧客からの過剰な要求 (3) 他部門とのコミュニケーション不全から生じる弊害

第3章　品質不正にかかわる想定ケース

表 3.1　想定ケースとポイント（2/2）

No.	想定ケース	不正に至る背景、原因のポイント
6	電子部品メーカーによる不適合品納品	(1) 過剰な増産は要注意 (2) 設備の更新不足で現場負荷が増加 (3) 不適合品のすくい上げ (4) 社長や役員の売上至上主義の考え方
7	化学原料メーカーによる検査不正	(1) 検査システムの抜け道の悪用 (2) 品質保証・品質管理部門の業務ひっ迫 (3) 引き継がれる不正行動 (4) 人事の固定
8	おもちゃメーカーによるST基準違反	(1) 業界任意規格への意識 (2) 部材のサイレントチェンジ (3) 過去データの流用 (4) 品質保証部品質保証部長の品質意識
9	産業用設備メーカーによる利益優先	(1) 減産による品質意識の軽視 (2) 営業部門としての品質意識 (3) 部門間のコミュニケーション欠如
10	食品の産地偽装	※悪質性の高い意図的な不正事例について、参考としての紹介

3.1　想定ケース No.1：自動車部品メーカーによる検査データ改ざん

3.1.1　想定ケース No.1 の概要

　自動車用部品を製造しているメーカーである A 社の製品において、「製品の検査値を改ざんしている」とする内部通報があった。社内にて詳細調査を行った結果、一部樹脂製品にて物性に関する検査結果を「修正」していることが判明した（図 3.1）。

　現場の検査員に対してヒアリング調査を行った結果、「納期がある中で焦りがあった。しかし、**普段から上長に相談しても聞く耳を傾けてもらえなかった**」との証言を得た。このことから、本件においても相談はできず、多少の修正であれば問題ないと自身で判断し、その結果不正行為を行ってしまっていた」ということが判明した。検査員の上長にも確認したが、「自分としては相談にのっていたつもりであったが、何度かは少し冷たい

3.1 想定ケースNo.1：自動車部品メーカーによる検査データ改ざん

図3.1 検査結果改ざんが内部通報された

態度で接したことはあったかもしれない」という認識であることが確認された。

さらに実運用状態を確認した結果、検査員が測定した結果をPCで作成した**検査成績書に手入力**し、そのまま客先に提出している状態だった。手順書(規定)上は、検査員が入力したものを上長が確認して客先へ提出するルールであったが、実際には検査員の力量を信じ、これを**誰もチェックすることなく**客先に提示していた。

また、社内にて品質の監査が年間計画の中で実施されることとなっており、毎年行われていた。しかし監査の内容は、細かい作業内容やそれに対する規定との合致状況を確認するものではなく、主に管理上の問題のみを確認するものであった。さらに、毎年恒例ということで監査自体も形骸化していた。実際に監査を行った担当者に対してヒアリングをした結果、監査では表面上の管理状態のみを確認しており、工場側の対応者に対しても「問題ないよね？　去年から特に変わったことはないよね？」といった形で、問題がないことを前提とするような確認の仕方をしていた。

3.1.2　ケースNo.1：「検査データ改ざん」のポイント
(1)　検査結果を容易に修正できる環境

本想定ケースにおいては、製品の検査結果を、検査員が手入力としていたことで、不正が容易に行われるような環境となっていた。データのインプットが手入力であると、検査員は自由に検査結果を入力することができてしまうため、いくらでもデータの改ざんが可能となるという典型的なケースとなっている。

不正のトライアングルで言う「機会」が生じている状態である。

　通常検査員教育を受け、検査員認定を持っている検査員であれば、たとえ手入力での検査フォームであったとしても、適切なデータを入力するはずである。しかし、焦りやミスなど、何か心理的な要因が働いた場合には、自分の中の悪魔が天使に打ち勝ってしまい、結果、このような不正に手を染めてしまうことになる。

　実際の品質不正事案の中でも、本想定ケースのように、検査データのインプットが手入力であるがゆえに改ざんが手軽に行えてしまっているという事例が多く存在している。実務的な仕組みとして第一にテコ入れが必要な部分である（対策については、p.65「4.4　不正防止のための検査システムの構築」参照）。

(2) 現場作業員に任せきりの体制

　現場の作業者がどんなに頼れる人であったとしても、管理上、チェックは絶対に必要である。今回のケースにおいては、特に現場の検査員がベテランで、過去からの実績、経験もあるという想定としているが、実際の不正事案においても、同様の場合に起こりがちな事象である。すなわち「この人であれば大丈夫だろう」「安心して任せられる」というような状態となっている場合である。しかし、ここに盲点が潜んでいる。実績と信頼があるがゆえに、「自分が不正をしてもバレないだろう」「不正をしても疑われることはないだろう」「どうせチェックしないだろう」という思考に陥ってしまうこともある。どんなに実績があり信頼のおける作業者であっても、第三者のチェックは重要であり、そのステップを仕組みとして組み込む必要がある。

　平時であれば、単純なミスや誤記などについてチェックし、検査内容や結果に対する懸念点などをアドバイスすることが主軸となる。他方、品質不正という観点においては、多少見るポイントを変える必要がある。この確認ポイントの詳細については、第4章の対策にて示すこととする（対策についてはp.61「4.3　品質不正をチェックする監査」参照）。

(3) 上長とのコミュニケーションの問題

　前段で紹介した2つのポイントにも関連する内容であるが、上長へ相談をしなかったことが品質不正の原因となっている状況が実案件でも多く確認されている。「話しても聞いてもらえない」「否定される」「どうせ言っても何も変わ

らない」「怒られるだけ」など、日頃の上長の態度によって部下からの信頼がなくなり、結果として上下間の円滑なコミュニケーションが失われていたのである。

そして、上長とのコミュニケーションが適切にとれていないと、「相談してもどうせ何もしてくれないから、どうでもいい」という心理になってしまい、それゆえ「自身で判断してしまおう」という誤った認識を起こしてしまうことになる。上長は、傾聴の姿勢を持ち、適切に各担当者とコミュニケーションを持つことが重要となる（対策については、p.90、「4.11　コミュニケーション」参照）。

(4) 社内品質監査の形骸化

品質不正事例の中には、「品質監査が不十分で、不正問題を見抜けなかったことが原因の1つである」と指摘されるものがある。品質監査の形骸化問題と言ってもいくつかパターンがあり、過去の事例を確認すると、主に表3.2に示

表3.2　品質監査が形骸化している4つのパターン

ノーチェックパターン	品質監査自体は実施されているが、実質的にはほとんど何もチェックはされていないパターン。 現場側から出てきたチェックシートの「問題なし」という結果をそのまま鵜呑みにし、その結果、実態の管理状態すら把握できていない。
形式化パターン	チェックリストにもとづき、例年の見るポイントは同じであり、確認内容も形式的であるパターン。 現場の確認などは実施されているが、例年通りの内容であるため、細かい作業などの不正は見抜けない。
対応者固定パターン	監査側（監査する人）が固定されているというパターン。 毎年同じ人が監査するため、同じような内容しか確認せず、またお互い良いようにしか監査しない。
現場実施パターン	品質監査は従来品質部門が主体、または同席して実施することで、第三者チェックがなされるものであるが、これを現場の製造部門のみで完結して行ってしまうパターン。 「ノーチェックパターン」や「形式的パターン」と類似の傾向があり、実施すること自体が目的となってしまう。現場側で実施することから、自身の都合のよい結果にまとめられてしまう。牽制機能もない。

した以下の4つのパターンに層別される。

　もちろん、上記のような品質監査の形骸化が、品質不正の主要な原因の1つであるという指摘は理解できる。ただ一方で、製造現場の実情を知る筆者としては、「理解はできるが、しかしね……」と思ってしまう指摘でもある。

　確かに品質監査の目的は、当該工場や事業場において、モノづくりの中で適切な品質管理体制ができており、これが適切に運用されているかをチェックすることである。この目的に照らせば、「品質不正の状況についても監査の中であぶりだされるべきである」というのは、もっともな考え方である。

　しかし、従来の品質監査は、「(もちろんまじめにやっているが、それでも)現場で品質管理上の問題が発生していないかどうか?」という視点で課題を抽出し改善するものであって、性悪説に従って「不正を行っていないか?」という視点では見ていなかったはずである。

　筆者がコンサルティングを行ってきた中でも、常々この「視点」という考え方は重要であると感じる。例えば、ある製品を見たときに、設計者であれば「製品機能」という視点で見ると思うし、販売側であれば「見た目」という視点で見るかもしれない。筆者のようなリスクコンサルタントであれば「製品リスク」という視点で製品を見る。

　「品質管理」という視点で行われる監査は、「不正」という視点で見ることを目的としていないため、「不正」のような視点の違うものに対して、「これを見抜けないと監査とは言えない」と指摘するというのは、やや強引であると感じる。

　ただし、昨今の品質不正事案の多発を受ければ、品質監査の中に「品質不正」という視点を入れ込んでチェックを行うことは必要であり、非常に重要なポイントである。そのため、この「不正を行っていないか?」という視点で見るようなチェックポイントを品質監査の中に入れ込むなど、今後は検討、具体化する必要があると考える(対策については、p.61、「4.3　品質不正をチェックする監査」参照)。

3.2 想定ケース No.2：
　　電気ケーブル製品メーカーによる UL 規格違反

3.2.1 想定ケース No.2 の概要

　電気ケーブル製品のメーカーである B 社の製品において、UL 規格[1]に沿わない仕様で製品が生産されていることが判明した。これが発覚した後、グループ企業を含めた大規模な社内調査を行った結果、当該企業だけでなく、**グループ各社のさまざまな製品にて類似の規格不正事案があることが発覚した**。

　製品によって原因や事象はさまざまであったが、B 社製品のケースにおいては、**UL 認証用のサンプル製品自体を「UL マスターサンプル」として**、通常の工程上で生産されるものとは異なる条件で作ったものを提示し、認証を取得していた（図 3.2）。認証監査が来た際も、現場ではこのマスターサンプルの存在がバレないように管理状態やデータをねつ造し、うまく隠して監査を乗り切っていた。

　このマスターサンプルの作り方や運用方法などについては**部内でマニュアル化**されており、この方法は、**担当者の異動や新規配属時などにも引継がれていた**。新たに入ってきた担当者も「ここでは、こういうやり方なのだな」としか思わず、このマスターサンプルの作成に対しては、違和感なく運用されていた。しかし、ある新人担当者が UL 規格の認証について学んでいくうちに、「この方法は不正なのではないか？」と思い、上長に進言、不正が発覚したという経緯であった。なお上長自身も他部署から異動してきていたことから、この**やり方には違和感すらなかった（不正と認識していなかった）**。

　そもそもこのような不正に至った背景として、元々当該製品は UL 規格を遵守できる技術にもとづき開発していたが、顧客要望による仕様変更などが重ねられる中、徐々に規格遵守が困難となっていき、あるとき、どうしても規格内で製品を作ることが困難となった。このことから、UL 用の

---

[1] アメリカ保険業者安全試験所（Underwriters Laboratories Inc.：UL）が策定する製品安全規格のこと。材料・装置・部品・道具類などから製品に至るまでの機能や安全性に関する標準化を目的としている。

第3章　品質不正にかかわる想定ケース

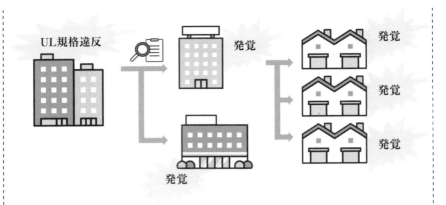

図 3.2　UL 認証用のサンプルが製品と別物

マスターサンプルを製造することが提案され、以降それが部内として当然の運用となってしまったということが判明した。

3.2.2　ケース No.2：
　　　電気ケーブル製品メーカーによる UL 規格違反のポイント

(1)　意図した不正マスターサンプルの作成

　通常の工程で量産される製品とは別の仕様で作られたものを、規格認証用のマスターサンプルとして作成し、それをあたかも量産品のサンプルであるかのように偽装して認証を得るというケースである。

　UL や JIS などにおいては、認証取得時に厳密に製品の確認を実施している。特に数年前社会問題となったケースでは、JIS 認証を与えた側の機関にまで問題が波及したこともあり、認証取得時にはさらにシビアな目で見られるようになっている。

　これに対して本想定ケースでは、認証機関の目の入らない社内での動きを巧みに操作し、認証機関に気づかれないような工作をしている。故意に情報を操作し、隠蔽していることからも、その悪質性は高い（対策については、p.74、「4.9　品質不正に対する教育体制」参照）。

(2)　定常化した不正運用

　本想定ケースでは、はじめのうちは明らかに故意とわかったうえで実行され

ていた。しかし、その後の業務引継ぎにおいて、不正という認識は受け継がれなかった。引き継いだ担当者は「ルールどおりにやっているだけ」という認識ではあるが、そのルールに疑問を持つことができず、結果的に不正の状態を引き継いでしまった。

　実際の事例においても、業務を引き継いだ担当者は、作業手順がマニュアル化されていたため、「マニュアルどおりに適切に実施している」「このやり方が企業としてのあるべき姿である」という認識となっており、問題意識を持つまでには至らないようなケースも複数確認されている。

　品質不正事例の中には、データの修正や改ざんのように、明らかに不適切な行動をとり、明確に不正であると認識しながらも、指示に従って実行しているパターンと、本想定ケースのように、その状態が「適切であり、普通である」と誤認したままのパターンが存在する。

　企業が品質不正点検を行う際、後者の方が発見しづらいことが多い。不正と思っていない当事者にヒアリングをしても、ルールどおり適切に実施していると思い込んでいるので、不正の「しっぽ」が出にくいのである。そうすると、不正対象品が何年にもわたって出荷されたあとに初めて会社側が気づく事態となり、大規模な製品措置を余儀なくされ、会社信頼を失墜させることとなる（対策については、p.61、「4.3　品質不正をチェックする監査」参照）。

(3)　認証規格、制度などへの理解不足

　担当者が不正を不正と認識できない背景事情として、そもそも認証規格やその制度に対する理解が不足している、ということがあげられる。

　規格の認証制度は複雑であることが多く、認証規格を導入する際には、担当者がさまざまな調査や対応を泥臭く行い、身をもって理解する、というプロセスを踏む。しかし、一度導入して長年運用していくと、後輩担当者の理解は表層的になりがちである。工程や基準の意味を深く考えることなく、試験や検査、現場管理のエビデンス抽出などを反復作業として行っている状況も散見される。制度の目的、趣旨を把握しないまま業務が進行され、そうなると「多少基準からはずれても構わないだろう」「工程を省略しても大丈夫だろう」という思考に発展するリスクがある。

　本想定ケースにおいても、不正に気づくことができたのは認証制度の仕組みについて勉強した担当者である。その上長は具体的な制度趣旨や内容までは熟

知していなかったため、不正行為であると把握できなかった。これは実際の事例の中でも見られるものであるため、規格認証制度そのものに対する理解度を向上させることも、品質不正の予防につながる（対策については p.74、「4.9 品質不正に対する教育体制」参照）。

(4) 不正を容認する企業（グループ）の風土

1つの不正行為が社内で確認されたことを発端に、グループ全体で品質不正点検をした結果、さまざまなグループ会社で不正行為が発覚するというパターンが多い。品質意識の低さがグループ全体の風土となっていると、不正が容認されやすくなってしまう。

風土に問題があるといっても、その要因はさまざまであり、それらが連動していることもある。以下に主な要素を3つ示す。

《不正を容認する企業風土》

① **トップマネジメントの品質意識が低い**

トップの考え方は企業の風土に直結する。売上至上主義の社長がいるような会社（グループ）では、品質意識の重要性が企業風土として尊重されにくくなる。

② **全社を統括する品質保証部門の権限が弱い**

グループ全体の品質を統括する部門の権限が弱いと、製造現場や営業現場主導の体制となり、生産数向上や売上を重視する傾向をけん制できない。品質よりも売上への意識が強くなり、品質尊重の風土が定着しなくなる。

③ **品質教育が適切に実施されていない**

この点でポイントとなるのは継続性である。品質教育は、内容や質も重要ではあるが、これを継続して実施しないと、品質意識は薄れてしまう。

品質教育の成果が風土として定着化するには、継続的に品質尊重を語り続けることが重要である。従業員が無意識に「品質は何より優先されるものである」と思えるようにするため、教育の継続性が鍵となる（対策については、p.74、「4.9　品質不正に対する教育体制」参照）。

3.3 想定ケース No.3：金属加工メーカーによる仕様逸脱

3.3.1 想定ケース No.3 の概要

　金属加工技術に優れる部品メーカーC社は、産業用機器メーカーに機器用部品を納品していた。しかしあるとき、この部品が組み付けられた産業用機器にトラブルが相次ぎ、産業用機器メーカーにてさまざまな調査が行われた。その結果、C社の納品していた部品の一部に、二者間で取り決めた仕様(強度特性)に合致していないものがあり、これがトラブルの原因であることが判明した(図3.3)。

　当該部品には法令で要求される規格、基準は存在しなかったが、業界のガイドラインは存在していた。本件でも契約締結に際して、C社顧客から業界ガイドラインへの適合という要求が出されており、対応できるか否かC社内で検討していた。しかし、どうしても対応が難しい項目(強度特性)があることがわかった。そこでC社は、自社で実現可能な強度特性で製造した場合の産業用機器への影響について試験を行った。その結果、**安全上も機能上も、組付けられる産業用機器に実質的な問題が生じる可能性はきわめて低い**という結論に至った。

　顧客要求(業界ガイドライン合致)への対応が難しいという問題は、社内でも慎重に検討する必要があると判断されたため、特別な開発会議が行われた。対象となる製品は、売上額に占める割合から重要な位置づけの製品

図 3.3　部品強度が取り決めと違う

であった。このことも踏まえ、さまざまな観点から協議した結果、**顧客要求とは異なる製品のまま納品**するという判断が下され、顧客に報告されることもなかった。なお、本件の協議には社長も参画しており、**企業トップも容認していたことが発覚した**。

　このような判断の背景として、当該部品業界では競争が激しく、技術レベルを落とすような交渉を提示すれば、**別の企業に発注を取られてしまうというプレッシャー**が過剰であったという事情が影響していることも判明した。

3.3.2　ケース No.3：金属加工メーカーによる仕様逸脱のポイント
(1)　「安全や機能に問題ないから大丈夫」という誤解

　過去の品質不正事案において、「安全や機能に問題がない」ので既存のルールに違反しても問題があるとは思わなかった、という当事者の意識がクローズアップされることが多い。これはロジカルに物事を考えるエンジニアが特に陥りやすい考え方である。

　製品が市場に投入される際、論理的に考えれば、機能面も安全面も問題ないと判断されたものであれば、確かに製品としても問題はないようにも思われる。ただ、この考えには法律で保護される契約の尊重、すなわちコンプライアンスという観点が欠けている。本想定ケースにおけるコンプライアンスというのは、契約の一部である「企業間で取り交わした製品仕様に適合しているか否か」であり、これに違反するということは、契約違反＝債務不履行になるということである。

　製品仕様は、企業間で取り交わされた契約であり、法的に保護される「約束事」である。確かに、部品メーカーと完成品メーカー間でのビジネスを例にとると、部品メーカーから見て、完成品メーカーから求められる製品仕様が過剰に感じることは多いかもしれない。しかしこの仕様は、双方が「ここまでやれば安心できる、品質を保証できる」というレベルを想定し、約定したものである。

　仮にこの仕様を逸脱しても機能上も安全上もただちに問題になることはほとんどないであろう。しかし、この仕様は、発注側受注側双方の合意のもと、安全係数、安心のための余裕（バッファー）が含まれたものであって、その前提が確保されたために契約が締結されたのであり、約定仕様を逸脱することは明確

な契約違反(債務不履行)になること、契約解除や損害賠償の対象になることを明確に認識する必要がある(対策については、p.74、「4.9　品質不正に対する教育体制」参照)。

(2)　企業トップのコンプライアンス意識の不足

　本想定ケース「金属加工メーカーによる仕様逸脱」では、結果として企業のトップが不正を容認する形となっている。一見、企業トップが先頭を切って意図的に不正を指示したケースと比較すると相対的に悪質性は低いとも思える。しかし、顧客と取り決めた仕様違反、すなわち契約違反を隠蔽して実行するという意思決定に参画しており、取締役として、また組織のトップとして、厳しく善管注意義務違反を問われる状況である。

　本想定ケースでは、売上を守るための苦肉の策であったように見受けられるが、これを理由としてトップが契約違反を容認してよい訳がない。

　トップマネジメントは、自社の取り扱う製品にかかわる生産や開発、販売などの最終決定権者であり、その意思決定は常に品質を担保することを前提になされなければならない。

　にもかかわらず、トップが品質を軽視する考え方を持っていれば、企業の社風や風土に影響することとなる。水は低きに流れる。トップが一度品質軽視の前例を作ってしまえば、従業員も「この考え方でいいのだな」「多少の品質に目をつぶってもいいのだな」という考えに流されていくのである。

　企業トップの不正容認は、連鎖的に従業員の、全社の品質意識を低下させることを肝に銘じておくことである。他の役員や品質部門の責任者の考え方にも影響を与えることは言うまでもない(対策についてはp.53、「4.1　品質方針」参照)。

(3)　他社からの受注奪取へのプレッシャー

　「自社の売上を守りたい」「他社に売上が流れることを阻止したい」と思うのは、ビジネスパーソンとして当然の心理である。ただ、その意識が強すぎる状態になってしまうと、想定ケースのような不正に走ってしまうリスクが高まる。不正のトライアングルでいう「動機」に関連する部分である。売上至上主義の社風がまん延し、上記のような人情を助長していないか、全社レベルで、あるいは事業部レベルで確認しておきたいポイントである。

第3章　品質不正にかかわる想定ケース

3.4　想定ケース No.4：
　　日用品メーカーによる検査データのねつ造

3.4.1　想定ケース No.4 の概要

　日用品を製造する D 社は、一般消費者向けにさまざまな製品を展開している企業であった。しかしあるとき、SNS での告発により、一部検査自体を実施しておらず、**架空の検査結果をねつ造**していることが明るみになった (図 3.4)。

　告発によると、従来実施すべき物性に対する検査をそもそも実施しておらず、それどころか**規格値に近い値がランダムで現れるようなプログラム**が組み上げられていて、その結果を検査結果として残しているということであった。販売先などから検査データの提供を求められた場合には、この結果を検査成績書として作成し、提出しているという。

　社内調査の結果、実際にそのプログラムの存在が確認され、マニュアルには「当該プログラムを使用し検査結果を保存する」というルールが記載されていた。確かに検査結果は残されていたが検査をしている形跡が見当たらず、検査員にヒアリングしてもここ数年物性に対する当該検査は実施されていないとのことだった。

　さらに調査を進めると、驚くべきことにこのプログラムは**品質保証部門が作成、運用**していることが判明した。当時プログラムを作成した担当者に確認すると、当該物性は製品の機能上、あまり重要な要素ではないと考えられており、設計部門からも「検査の必要はあるの？」という声が上がっていた。そこで、品質保証部門として検証した結果、特段の検査は不要という判断に至ったという。ただし、まれに客先から検査データ提出の依

 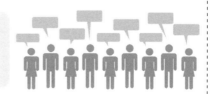

図 3.4　架空の検査結果をねつ造

頼があることから、品質保証部門にてプログラムを作成したとのことであった。ただし、プログラムの作成者は「検査員の工数削減のために作った」という認識を持っていた。

なお、D社においては**品質保証部門が製造部門の下部に位置しており**、品質の番人たるべき品質保証部門においても品質尊重の意識が低くなっていたのが、要因ではないかとの指摘がある。

3.4.2 ケースNo.4：
日用品メーカーによる検査データのねつ造のポイント

(1) 架空の検査結果でデータをねつ造

「検査結果を偽装する」という事例はよく見かけるが、その実態はさまざまである。

「検査した結果の数値を修正する」ことが、検査結果の偽装パターンとしてもっとも多いと言える（「想定ケースNo.1：検査データ改ざん」の事例など）。この場合、検査自体は実施しているため、検査の工程は残っている。

他方で、本想定ケースのように、検査自体をまったく実施せず、架空の検査結果を一からねつ造するというパターンもある。そのパターンがとられる理由として、本想定ケースのように「面倒だからやらない」場合や、「時間的な制約の中で問題が生じている」場合などが考えられる。

「面倒だからやらない」という不正は、検査を実施してもしなくても品質検証上影響がないと考えられるときに多く発生する。品質に影響がないのであれば検査自体をスキップしたくなるのもうなずける。

他方、時間的な制約の中で問題が生じている場合というのは、例えば、納期が発注から短すぎて時間がない、増産が続いており納期までに間に合わない、などのケースが多い。

(2) 不正を実行するためのプログラムの作成

本件でもっとも悪質性が高いのは、検査結果を一からねつ造するという不正を実行するために自らプログラムまで組んでしまっている点である。これも実際の品質不正事案の中で確認されている。

検査をすることなく検査結果が出るプログラムを作成している時点で、意図的であることは間違いない。当初は検査を実施せずに結果を提示することに罪

悪感があったかもしれないが、その後時間とともに徐々に罪の意識が低下していき、むしろ「プログラム化しているのだから、時間が短縮できて効率的だ。検査員の負荷も減っているはず」という考えにシフトしたことも指摘されている。

その結果、「自分はむしろ良いことをしている」という認識に変わってしまったようである。不正に一度手を染めると、品質意識の低下だけではなく、そこからさらに不正のトライアングルでいう「正当化」を助長してしまう結果になってしまうのが怖いところである。

そしてさらに怖いのは、月日が流れて担当者が変わっていき、引き継ぎがなされた場合である。引き継ぎを受けたものは「これが通常の作業ルーチンである」という認識しかなく、自分が不正を行っているということすら知らない状態となる。こうなると、担当者は罪悪感を持てない（ルールどおりに作業を行っているだけ）状態となるため、不正自体を発見することも困難となってしまう（対策については p.89、「4.10　品質関連部門への意識改革」参照）。

(3) 品質部門が不正を主導

不正プログラムを作ったのが品質保証部であるということも闇が深い点である。従来、品質保証部または品質管理部というのは、自社の製品に対する品質に対して信頼性を与えることを目的とした部署である。その部署が主導して不正を行うというのは、この会社の品質意識が地に落ちていることを示している。

また、本想定ケースのように、品質部門が先導して不正を行ってしまうと歯止めをする部門がなくなってしまう。品質不正し放題の環境となってしまい、品質不正が常態化する。このような場合には上層部も品質尊重の意識が低いことが多く、誰も問題に気づけないかもしれない。あるいは現場従業員が気づいたとしても上申して改善しようとする動機付けが弱いため、いずれ内部告発等により不正が明るみになり、会社の信頼を失ってしまう。

幸運にも役員や上級管理職が問題に気づくことができたのであれば、とにかく早く、品質部門の改革に向けてテコ入れをする必要がある（対策については p.89、「4.10　品質関連部門への意識改革」参照）。

(4) 品質保証部が製造部門の中にある

品質部門（検査部門含む）が製造、生産部門の内部（下部）に位置づけられてい

ることが、品質不正の原因の1つであると指摘されることが多い。

本想定ケースにおいても、品質保証部門が製造部門の中にあるとされているが、製造部門と品質保証部門はそもそも部門としてのミッションが異なっている。

製造部門は、あくまで「製品を作り込み、納期までに客先に納品すること」をミッションとする部門である。品質の担保もミッション達成の前提かもしれないが、何より納期までに納品することを強く意識して仕事をする。

一方で品質保証部門は、「開発、設計、製造された製品の品質が、客先の要求を満足していることを保証すること」をミッションとする部門である。つまり製造部門の行き過ぎをけん制し、品質を担保することが本来の役目である。

しかし、本想定ケースのように、製造部の下位に品質保証部門が位置づけられてしまうと、製造部としてのミッションが強く押し出されることとなり、品質部門は製造部門のミッション、すなわち「納期までに納品」するミッションに引きずられてしまう。つまり、「製品を作り込み、納期までに客先に納品すること」を優先すべきあると誤認してしまうのである。このため、検査の必要性の低いものはスキップしよう、という考えにも至り得るし、検査結果生成プログラムも「業務を効率化し納期通りに納品するために必要である」と思い込んでしまうのである（対策については p.58、「4.2　品質保証体制」参照）。

3.5　想定ケース No.5：樹脂成型メーカーによる開発不正

3.5.1　想定ケース No.5 の概要

E社は樹脂成型の技術を持つ企業であり、製造した部品を自動車ユニットメーカーに納品し、部品が組付けられたユニットが完成品である自動車メーカーに納品されていた。

あるとき、自動車メーカーにて当該部材の強度特性が明らかにおかしいことに気づき、ユニットメーカーに相談した。ユニットメーカーは部品メーカーのE社に相談したが、E社の回答の歯切れが悪かった（図 3.5）。

このことから、ユニットメーカーはE社に対して、詳細な開発仕様や試験結果について提示を求めた。その結果、**開発時点での強度特性の試験**

第3章　品質不正にかかわる想定ケース

図3.5　強度不足の部品が納入されていたのはなぜか

結果が、ユニットメーカーが求めていた数値ではなかったことが発覚した（今般E社が提示した試験結果の数値は、ユニットメーカーが開発時にE社から提示されていた試験結果の数値と大きな離齬があった）。

　この背景について調査した結果、開発時に要求されていた強度特性を出せるように試行錯誤をしたが、一部どうしてもうまくいかない部分があった。しかし、当時**ユニットメーカーから過剰なほどに強い圧力**をかけられており、納期をずらすような交渉も一切できなかったことがわかった。

　このことから、開発部門はやむなく一部強度について改ざんした値を入れ込んだ試験結果をユニットメーカーに提示し、これが採用されたという経緯であった。

　さらに、社内の状況について確認した結果、当時開発部門は社内でも閉鎖的な環境となっており、他部門とのコミュニケーションがうまくとれていなかった。とりわけ**営業部門や品質保証部門との意思疎通**については**風通しが悪い状況**であった。そのため、普段から開発部門は、無理のある仕様について、顧客への交渉をしてほしいと営業部門に対し強くは言えなかった。本件でも開発部門と営業部門の間で強度特性に関する相談が適切に行われていなかった。また品質保証部門への相談もほとんどなされていなかった。

3.5.2　ケースNo.5：樹脂成型メーカーによる開発不正のポイント
(1)　開発時点での不正問題

　本件は開発時点で試験結果を改ざんしたという品質不正ケースである。実事案においても製品開発時点で不正に手を染めてしまうものが散見される。

開発時点の試験結果や製品仕様が納品先で一度承認されると、そのまま受け入れられ続けてしまう。このため機能上や安全上の問題が生じない限り、不正が明るみに出る機会は限定される。これは"ラッキー"なことのように思えるがそうではない。本想定ケースでも、直接の納品先で不正が発見されたわけではなく、さらに下流の自動車メーカーにおいて違和感が生じたことから不正が見つかった。こうなると不正が発見された時点でサプライチェーン全体の問題となってしまい、負の影響が大きくなってしまうのである。

(2) 顧客からの過剰な要求

本書の読者も、顧客から厳しい要求を受け、試行錯誤してなんとか対応してきた経験は数えきれないくらいあるだろう。とはいえ、そのような場合に安易に不正の手を借りて危機を乗り切るという選択はしていないはずだ（そうだと信じたい）。

ただ本想定ケースでは、納期調整一切不可という厳しい要求や過剰な圧力があったことから、不正に至っている。

このような不正パターンは、売り手と買い手の間のパワーバランスが著しく不均衡な場合に顕著にあらわれる。例えば同種同規模のメーカーが多数存在し、買い手はどこからでも同品質の製品を購買可能な場合、売り手の立場は脆弱となる。また、1つの企業からの大規模発注に依存している中小企業でも、相手先からの発注が途絶えると事業が立ちいかなくなるおそれがあり、先方からの過剰要求に応えざるを得ない場合もある。

(3) 他部門とのコミュニケーション不全から生じる弊害

不正事案は、個別部門や個人が悩みを抱え込むことにより、発生しやすくなると言われている。本想定ケースのように、日頃から他部門とのコミュニケーションに問題があると、1つの部門が四苦八苦して対応を検討せざるを得ない状況に追い込まれる。他部門に相談できず、サポートされない状態に陥れば、当然ながら打ち手は自部門でできる範囲に限定され、対応限界は早期にやってくる。しかし無茶な要求に応えなければならない。残った打ち手は数値のごまかしなどの品質不正しか残っていない、ということにもなりかねない。

一般論として、部門間コミュニケーションは視野を広げ、活発な意見交換や活動を通して企業を活性化するために行われるものである。しかし、逆に部門

間のコミュニケーション不全が慢性化すれば、各部門が孤立し、その結果品質不正の要因にさえなりかねないことを認識すべきである(対策については p.90、「4.11　コミュニケーション」参照)。

3.6　想定ケース No.6：
　　電子部品メーカーによる不適合品納品

3.6.1　想定ケース No.6 の概要

　中小企業 F 社は、電子部品を生産するメーカーであったが、業績が非常に好調であり、**受注数はどんどん拡大**していた。このため、生産現場では**増産に次ぐ増産**対応に尽力し、生産計画の見直しや人員の増員などを実行した。しかし、受注数の拡大はとどまることを知らず、上記のような対策を講じても人手不足はますます深刻化し、工員一人ひとりの業務負担に限界が見え始めていた。

　生産現場では、**古い型の設備**を使用していたことから、増産の影響も相まって、工程内トラブルも増えていた。その結果、生産計画の遅延、不適合品の増加なども発生し、製品の納品数が確保できず、納期に間に合わない状況が頻発していた。

　焦った工場長は、この状況を本社経営層に報告し、対応方針検討を上申した。しかし、**社長を含む経営陣は、業績アップの好機にもかかわらず、納品できないことで売上が落ちることを嫌がった**。ついには、「納期を優先することが顧客にとってもメリットであり、顧客満足にもつながる。自社の信頼も上がるはずである」と言い出した。そして上層部は、一部検査工程をスキップすることや、検査結果の数値が閾値(しきいち)付近であれば機能上問題ないはずであると判断し、**不適合品も含めた納品を指示した**(図 3.6)。

　工場長は、この指示に違和感を持ちながらも、実際に納品に苦慮している状況を踏まえて経営陣の判断を受け入れ、不適合品を含めた製品を客先に納品した。

　ところが一年後、当該製品において客先クレームが発生した。その際、顧客側で改めて検査データを確認する中で不審点が見つかり、検査結果のねつ造や書き換え等の偽装をしていたことが発覚してした。

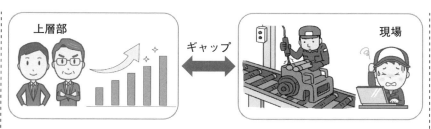

図3.6 「不適合品でも間に合うほうがいい」わけがない！

3.6.2　ケースNo.6：
電子部品メーカーによる不適合品納品のポイント
(1)　過剰な増産は要注意

　2.3節「不正のトライアングルという考え方」において、品質不正は「動機」「機会」「正当化」というトライアングルの要素がすべてそろった際に発生すると紹介した。このうちの「動機」部分において、もっとも取り上げられることが多いのが、「納期のひっ迫」である。

　納期問題においては、単純に顧客からの要求納期が無茶であるというパターンもあるが、本想定ケースのように、過剰な増産により生産計画自体が立ちいかなくなるというパターンも存在している。

　過剰増産パターンの場合、生産現場に混乱が生じつつも、何とか生産を回そうとして、削減可能な工程はできるだけスキップしようとする。そのとき、スキップの対象として検査工程にスポットがあたる場合が多い。なぜなら検査工程はモノづくりそのものの工程ではなく「品質を検証する工程に過ぎない」と潜在的に思われがちだからだ。つまり、経済的価値そのものを生み出す工程ではないと見なされがちなのである。

　また、過剰増産に陥る場合、本社上層部が生産現場の状況を適切に認識できていないことが多い。現場は緊急事態であるという認識にもかかわらず、上層部はまだ耐えられている状態と誤認してしまいがちである。実際の品質不正の事例にも以下に示すケースが確認されている。

　ある自動車メーカーにおいて、生産が少しずつ増加してきたため、現場では個々人の創意工夫をすることで、これに何とか対応していた。しかし上層部は「現場にも多少負荷はかかっているものの、乗り切っている」という認識であ

第3章　品質不正にかかわる想定ケース

ったため、特段のテコ入れを行わなかった。その後も増産は続いたことから、現場は疲弊してしまい、検査のスキップという不正行為に手を染めてしまった。

このように生産現場と本社上層部の認識の乖離が起こると、増員や生産計画緩和などのテコ入れが適切に実行されず、結果、不正が起こりやすい状況を生み出してしまう。

過去の受注実績を大きく上回ることは喜ばしいことである。しかしその裏で、工場での必死の増産対応が行われ、それが限界に来ているかもしれない。これに対し、上層部は適切に想像力を働かせているだろうか。想定以上の好業績に浮かれて、隠されたリスクを見落としていないだろうか。

本社経営陣の的確な状況認識とリスク予測が求められる。工場現場での品質不正だけでなく、無理を重ねた工員の労働災害が発生し得ることも強く認識しなければならない。取締役としての善管注意義務違反や監視・監督義務違反を問われることにもなりかねない（対策については p.69、「4.6　増産、減産時の対応検討」参照）。

(2)　設備の更新不足で現場負荷が増加

設備の更新の遅れや、設備更新自体が未実施であることが納期ひっ迫の要因となる場合がある。「3.6.1　想定ケース No.6 の概要」でも示したように、設備更新が遅れていると、工程内の生産にも影響し得るトラブルが起こり、結果として生産遅延が生じてしまう。

また、このようなケースでもっとも問題となるのは、悪循環のスパイラルに陥ることである（図 3.7）。すなわち、設備更新が遅れ、老朽化などによる工程内トラブルが頻発すると、これを解決するために設備管理部門などが尽力する。設備改善後、遅れを取り戻すために生産を急ぐと、新たな設備トラブルが生じてしまう。しかし設備管理部門が、別の設備の修繕を行っていると、新たに発生した設備トラブル対応は後手に回る。そうなると、生産がさらに遅延し、製品の供給が遅れてしまう、というスパイラルである。

さらに、これら設備トラブルの対応が増加すると、設備管理部門はトラブル対応に奔走するだけで手いっぱいとなり、肝心の設備更新が実現できなくなってしまう。これにより、本質的な問題の解消ができなくなってしまい、トラブルが尽きなくなってしまう、という流れも同時に起こる。

実際にこのような状況にまで陥ってしまうと、「どこかの工程を簡略化しな

3.6 想定ケースNo.6：電子部品メーカーによる不適合品納品

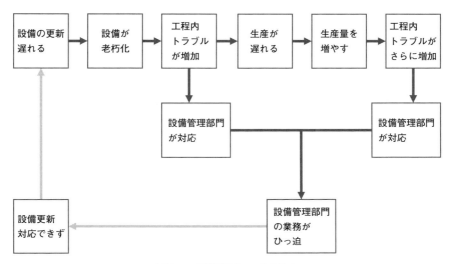

図 3.7 悪循環のスパイラル

ければならない」という発想も顔をのぞかせる。その結果、検査スキップという品質不正に手を染めてしまうリスクが高まるのである（対策については p.68、「4.5　設備の更新」参照）。

(3) 不適合品のすくい上げ

　本想定ケースでは、一度不適合と判断されたものを「問題なし」と判断して出荷する「不適合品のすくい上げ」というやり方による不正を行っている。実際にこのようなケースも品質不正事案では見受けられている。

　一般的に、製品の検査結果の判定のためには、法令基準や業界基準などで定められた閾値や、顧客と取り交わした製品仕様にもとづく閾値から、安全率などを考慮した社内用の閾値を用いることが多いと思われる。すなわち、閾値自体にもバッファーがあるため、多少閾値を逸脱したとしても安全上も機能上も問題が生じることはまずないと技術的に判断されがちである。

　本想定ケースでもこのような発想にもとづき、わずかに基準から外れた不適合品をすくい上げて良品として扱っている。しかし、いくら業界基準や客先要求仕様、社内基準から大きく逸脱していないとしても、これを是とすれば顧客との契約（品質協定）違反であり、債務不履行に陥る。契約解除や多大な損害賠償リスクが発生する。そして何より、約束を守らない、コンプライアンス違反

が常態化した会社であるとレッテルを貼られ、会社信頼が地に落ちる。

(4) 社長や役員の売上至上主義の考え方(積極的な指示)

　前述の3.3節「想定ケースNo.3：金属加工メーカーによる仕様逸脱」では、社長が会議の場で不正実施を容認したケースを提示した。しかし今回のケース（ケースNo.6：電子部品メーカーによる不適合品納品）では、品質不正を社長や役員自身が積極的に指示しており、悪質性は一層高いといえる。

　経営者の売上至上主義の極致ともいえるが、その最たる実例は、2000年代に起こった食肉ミンチ偽装事件である。食品加工卸会社の社長が、廃棄肉や牛豚の内臓、血液、パンの切れ端等をブレンドして質の悪いミンチ肉を作り上げ、添加物などで色つやをごまかし、品質の良いミンチ肉として販売した偽装事件であった。この社長は食肉の品質を自ら研究していたが、その研究成果を悪用し、ごまかした品質で売上と利益を上げていた。

　このように社長などトップマネジメントが自ら不正に手を染めれば、しかもそれが中小企業やオーナー企業であれば、他の役員も上級管理職も従わざるを得なくなるし、改善提案しても聞き入れられないことが多い。食肉ミンチ偽装事件は元役員の告発により明るみになったが、**彼が社内にいる間に行った改善提案は握りつぶされた。**

　このように、部下がトップの意図的な不正に抵抗することはきわめて困難だ。本想定ケースでは食肉ミンチ偽装事件ほどの悪質性があるとまではいえないが、それでも現場の検査員は問題があることをわかって、しかもトップの指示で不適切な対応を強いられるのである。自分が行っている業務の意味とは何かを見失ってしまい、モチベーションも品質意識も大きく低下することとなる。

　前述の食肉ミンチ偽装事件のように、トップが極端な売上至上主義である会社は、ごくまれな例外事例であると信じたい。信じたいところであるが、筆者の経験上、オーナー企業体質の会社、他の幹部のけん制が働かない会社では、トップの不適切な言動が垣間見えることがある。その発言に困惑する幹部たちの顔が目に焼き付いている。

　読者の会社の社長はどうであろうか。口では品質第一を謳いながら、その実、「利益＞品質」という思考がこびりついていないだろうか(対策についてはp.53、「4.1　品質方針」参照)。

3.7 想定ケース No.7：
　　 化学原料メーカーによる検査不正

3.7.1 想定ケース No.7 の概要

　G社は化学原料を生産するメーカーである。あるとき、「納品している部材の一部に検査不正がある」という内部通報が本社にあがり、品質不正行為が発覚した。

　G社では、検査の効率化やトレーサビリティ管理として、検査した結果を自動で入力するシステムが構築されており、修正しても履歴が残る仕組みであった。ただし、突発的なバグなどが出る場合もあり、このときのために手動で修正できるサポートシステムがあった。検査現場ではこの**イレギュラー対応用のシステムを悪用**し、たびたび手動モードに切り替えて、自分たちに都合のいい数値を検査データとして入力していた（図3.8）。このシステムでは、手入力した修正部分については履歴も残らない仕様となっていた。

　そもそもなぜこのような行動をとったかを調査した結果、**品質保証部門や検査部門の業務ひっ迫**が要因となっていることがわかった。業務過多になっていたため、検査実施の時間もひっ迫しており、品証チェックもできないという状況が続いていた。しかもこの検査の結果を見ても、**過去に問題はほとんど生じておらず、検査をスキップしても問題はないはずだとい**

図 3.8　バグ対応のための手動入力を悪用

う意識がまん延しはじめていた。そのような状況において検査システムの抜け道を発見したことから、検査現場では手入力をして検査データをねつ造しようという判断をしてしまったのである。

　人事上の問題も指摘された。検査担当者は約30年にわたって当該検査業務に従事してきたベテラン社員であり、その間担当者が変わることはなかった。しかも、**本検査はこの社員が専任で実施**していた。他者の介入もほとんどない環境であったため、彼の不適切行為について気づきにくい状況となってしまっていた。

3.7.2　ケースNo.7：化学原料メーカーによる検査不正のポイント
(1)　検査システムの抜け道の悪用

　検査不正を予防するために、もっとも有効な直接的対策は、「検査結果自体を修正できなくする」ことである。そのため、コストをかけられるのであれば、本ケースのように、データに人為的な関与ができない、意図的な修正ができないシステムを導入することが望ましい。

　とはいえ、実際にどのようなシステムを組んだとしても、イレギュラーな状況が発生した場合を想定し、人が関与してメンテナンスできる仕組み、いわば運用の抜け道を組み込まざるを得ない。そのような、人が関与できる抜け道を悪用した事例は多数存在する。例えば某社では、上長から了承印をもらったうえで、専用の鍵にてオートモードから手動モードに切り替えることで、データを修正できるシステムを構築していた。ところが、実際はその印影自体を複製し、いつでも専用の鍵が使える状況になってしまっていた。

　システム化により不正対策をほどこすことは重要である。しかし、それが絶対ではない、常に抜け道が存在するということは認識しておきたい。抜け道を探そうとする人間の心理的リスクを低減するためには、やはりシステムを扱う側の品質意識を少しずつ変えていくしかないが、これもまた完璧ではない。システム化という物理的対策と、品質意識の変革という心理的対策の両輪を機能させること、そして、運用する中でそのほころびを見つけ、有効な修繕をし続けること。このような地道な努力が求められるのである（対策についてはp.65、「4.4　不正防止のための検査システムの構築」参照）。

3.7　想定ケースNo.7：化学原料メーカーによる検査不正

(2) 品質部門の業務ひっ迫

品質保証・品質管理部門が、目の前の業務のひっ迫により、本来の役割である品質保証業務や品質管理業務をおろそかにしてしまうという状況は、本末転倒である。

しかし、消費者や顧客からの品質要求が厳しい現代において、品質部門の役割は多岐にわたっており、クレーム対応からISOなどの認証対応、品質教育などさまざまな業務が降りかかってくるのが現実である。

一方で部門の人的物的リソースがそう増えている訳でもないことも多い。それゆえ、常に目の前の業務に追い回され、本来業務の停滞、機能不全という事態に直面している企業も少なくない。大企業であっても（むしろ大企業でこそ）、このような状況に頻繁に出くわす。

製造部門などが業務ひっ迫の状況になるのは、生産量が増加したり、突発的な対応が出たりするケースである。一方で、品質部門は生産量が安定していても業務ひっ迫に陥るケースがある。例えば、過去に販売した製品に隠れた問題があり、ときが経ってその問題が顕在化しトラブルになるケース、トラブルもないのに納品先から品質管理体制について突然確認を要求されるケースなどである。

いずれのケースも現状の生産量は安定しているにもかかわらず、品質部門の業務量は過多になってしまう。筆者はリーマンショックが起こった2008年に、後者のケースを経験した。この時期、どの製造業でも生産量が低下していた。筆者の属していたメーカーの納品先企業においても、「この機会に品質管理の強化に動くぞ」と考えるところが多くなった。この方針に従って、納品先企業の購買担当者から、「貴社の品質管理体制を再確認させてほしい」という要望を立て続けに受け、にわかに業務量が増大していったことを思い出す。

このようなケースもあるため、必ずしも生産量の増減だけで品質部門の業務量を把握できる訳ではない。品質部門は品質不正防止のための砦である。上層部としては、常時、品質部門の部門長や部門全体の様子を観察しながら、業務ひっ迫具合を注視しておく必要がある（対策についてはp.58、「4.2　品質保証体制」参照）。

(3) 引き継がれる不正行動

一度貼ったレッテルを引きはがすのは難しい。「昔からずっと問題ない、だ

第3章　品質不正にかかわる想定ケース

から今後も問題は起こらない」という認識は、一種の正常性バイアス[2]である。正常性バイアスは、人に安心感を与えるものであり、一旦そのような共通認識が形成された以上、「今後何か起こるかもしれない」と、能動的に再認識することはきわめて困難である。

前述した「安全や機能に問題ない」という認識と同様に、不正のトライアングルでいう「正当化」の要因になり得る。

本件では、これまで何十年も経験してきた製品の検査において、問題が生じたことがないという実績があり、それをそのままエビデンスにしようとしている。実際、製造現場では「実績＝エビデンス」として、社内手続きを踏んだうえで社内工程を変えることは起こり得ることである。

問題なのは、このような手続きを踏まず、勝手に検査工程をスキップしたことである。ただ、本想定ケースにおける担当者は、この判断に対して悪意はなかったかもしれない。むしろ、これまでの検査実績に対する自信やプライドがあると考えられるため、この判断は妥当であると思っていたかもしれない。

しかし、品質不正という観点においては、コンプライアンスを意識しなければならない。過去にいくら問題がなかったとしても、管理を捻じ曲げて結果を提示するというのは大問題である。この認識を現場でも適切に持つ必要がある（対策についてはp.74、「4.9　品質不正に対する教育体制」参照）。

(4) 人事の固定

実際の品質不正事案の中にも、対象製品の検査工程をベテラン一人で切り盛りしており、その人に絶大な信頼を置いていたが、実際にはルールどおりに作業が行われていなかった、というものが散見される。

現場作業員や検査員は、対象工程ごとに専属担当者となっているはずである。そこにはベテランの方がいて、誰よりもその工程を熟知している。そのことが会社としてメリットに働くことも多いため、一概に人事を固定することは必ずしもデメリットとは言えない。ただ、このような属人化による品質不正が起こっているという現実からも、何かしらの対策は必要である。

例えば、担当者自体を変えられないのであれば、管理者を変えてみる、とい

---

2) 正常性バイアス（normalcy bias）は、災害社会学者マクラッキーが最初に用いた災害社会学・心理学用語。認知バイアスの一種。自分の心の負担を緩和するため、自分にとって都合の悪い情報を無視したり過小評価したりすることにより、目前に危難が迫ってくるまではその危険を認めないという傾向のこと

うことも一考だ。人が変われば見る視点も変わる。一見すると違和感のない作業でも、別の人が見ると異変に気付くかもしれない（対策については p.72、「4.7 適度な人事異動」参照）。

3.8　想定ケース No.8：
　　　おもちゃメーカーによる ST 基準違反

3.8.1　想定ケース No.8 の概要

　おもちゃには、そのおもちゃ製品の安全性を認証する規格として、一般社団法人日本玩具協会が制定した「ST 基準（Safety Toy）」が存在している。この基準は任意規格ではあるが、広く玩具メーカーなどで採用されている。おもちゃを開発、製造していたメーカー H 社でも、各種おもちゃ製品で ST 基準の認証を受けていた。しかしあるとき、内部告発により、自社製品の中に ST 基準に違反しているものがあることが判明した。

　社内調査の結果、元々の製品は ST 基準に適合した製品であったが、あるとき、海外サプライヤーが供給していた部品の仕様が変わっていることに気づいた。当該部品のサプライヤーに詳細を確認したところ**部材をサイレントチェンジ（無断で変更）**していたことが発覚した（図 3.9）。この部品の仕様変更により、ST 基準で申請した管理基準にわずかであるが到達しなくなってしまった。しかし当該製品は、競合他社との熾烈な販売競争の渦中にあって、売上・利益を伸ばし続けることを求められており、調達部品の再検討等により製品供給が滞ったり、コスト高になったりすることが許されない社内の雰囲気があった。

　そこで部品調達の再検討などは行わず、そのままこの部品を使用継続することを最終的に品質保証部長が承認した。また管理基準未達を隠蔽するため、**検査自体実施せず、過去のデータを流用**することとし、社内の管理基準を超えているように見せることも指示していたことが発覚した（図 3.9）。

　品質保証部長は元々営業部長の経験者であった。社内の各担当者にヒアリングした結果、この品質保証部長は、**品質よりも販売に重点**を置く考え方を持っていることがわかった。「そこまで厳重な管理をしてはコストが

第3章　品質不正にかかわる想定ケース

図 3.9　サプライヤーのサイレントチェンジで本当は ST 基準は未達

かかって利益に影響するじゃないか」といったような品質軽視ともとれる発言が何度も確認されていた。本件でも、品質保証部が主導して ST 基準未達への対応検討が行われていたが、競争が激しい製品であったため、品質保証部長はデータ偽装を容認してでも販売を進める、という決断をしてしまった。

3.8.2　ケース No.8：おもちゃメーカーの ST 基準違反のポイント
(1)　業界任意規格への意識

　ST 基準とは、一般社団法人日本玩具協会が制定している業界基準であり、任意の規格である。ST 基準をクリアしているという認証を受けた製品には、「ST マーク」を付けることができ、子供への安全性が認められた製品であることをアピールできる。

　本想定ケースは ST 基準を例としたが、世の中にはこのような業界ごとに決められた独自の基準や規格、ルールが存在している。そして本想定ケースのように、業界の任意基準に対する品質不正問題も発生している。

　そもそも任意基準は、法令基準(法的拘束力あり)や企業間で取り交わした基準(契約内容として遵守義務あり)とは異なり、あくまでも業界内で自主的に守るべき基準という位置づけのものである。このため、法令基準等と比較して、「絶対に守るべきルール」との認識が甘い企業も散見される(ただし、ST 基準のように認証規格である場合は、一般に遵守意識が高い傾向にある)。

　しかし、任意基準であっても、基準を遵守していることをアピールして顧客から契約を勝ち取り、消費者への販売促進につなげているのである。特に本想定ケースでは、製品が子供にとって安全であることのあかしである「ST マーク」が付けられている。このマークは小さな子供を持つ親にとって安全・安心

を判断するための重要な目印である。このマークがあるからこそ当該製品を選択したという消費者への裏切り行為であり、場合によっては景品表示法違反（優良誤認）と認定される可能性もある。

　さらには、この製品や会社の信頼性にとどまらず、当該基準や協会自体の信頼性にも影響してしまうこと、究極的には基準違反を原因とした事故の発生、子供への危害さえ心配される事態となることを認識すべきである（対策については p.75、「4.9.1　教育内容について」参照）。

(2)　サプライヤーによる部材のサイレントチェンジ

　本想定ケースでは、不正の発端となった事象を「部材サプライヤーのサイレントチェンジ」によるものとした。通常、納品部材に何かしらの変化点がある場合には、納品先に申請をして承認を得なければならない。しかし、何の連絡もせずに勝手に変更してしまうことをサイレントチェンジという。

　直接取引をしているサプライヤーだけでなく、さらに上流のサプライヤーが勝手な部材変更をしているケースもある。直接取引しているサプライヤーの管理は厳重に実施できるかもしれないが、その先の、さらにその先のサプライヤーまでは管理できないことが多い。最終品メーカーはむしろ被害者としての側面も持つ。

　しかしチェンジされた部品を使って最終製品を製造・出荷したのは最終製品メーカーである。サイレントチェンジに気づけなかった結果に対する責任を負う立場であり、規格基準に満たないと発覚した段階で、これを改善し、すでに出荷した製品への対応に真摯に向き合わなければいけなかった。本ケースでは、そのような誠実な対応に目をつぶり、利益追求に走ったことに非難が向けられるであろう。

　とはいえ、上記のような誠実な対応をすれば、販売機会を失い、出荷済み製品の対応にもヒトとカネを割かざるを得ない。また、今回のように勝手に部品仕様を変えられてしまった場合、他の製品特性にも影響が及んでしまうことがある。製造・販売中の製品を、根底の設計から改良するコストは甚大である。誠実な対応をしても得られる利益が小さく、逆に失うものが大きいのであれば何もしないでおこう。そのような心理になることは想像に難くない。

　それでも１つ言えるのは、上記のメリット、デメリットの比較において１つ視点が抜け落ちているということである。それは、内部告発のリスクである。

第3章　品質不正にかかわる想定ケース

本想定ケースでも内部告発で不正が発覚したし、多くの品質不正事案が内部告発によって明らかになった。SNSという告発に便利なツールもある。不正を隠し通すことは、いまや不可能となった。

(3) 過去データを流用するという品質不正

データの偽装方法にはさまざまな方法があり、これまでの想定ケースでは「架空のデータを用いるケース」や、「データを微修正するケース」などを紹介してきた。そして本想定ケースでは、また、さらに異なる方法として「過去に実施した検査データを流用する」という方法で品質不正がなされている。

過去のデータ流用は、過去の情報をコピー＆ペーストすれば完成することになるため、もっとも簡易的に、工数もかけることなく実行が可能である。また、過去に実施した結果であることから、現実的な数値を入力できるというメリットもある。このため、比較的お手軽に実行されてしまう方法となっている。

ただし、過去のデータをさかのぼるとまったく同じデータが確認されるため、データ流用していることは簡単に判明する。お手軽に実行できる方法である分、不正の証拠を押さえられやすい方法ともいえる。

(4) 品質保証部長の品質意識

本想定ケースでは、元々営業部門の部長であった人が、品質保証部長となり、「品質よりも売上・利益」という意識が強かったため、品質不正に手を染める判断をしてしまった。

営業部門は、自社の製品の販売拡大を目的とした部門であり、どうしても売上・利益目標の達成という視点で業務を進めがちであると指摘されることがある。なお、あくまでも一般的な指摘であり、営業部門の担当者が全員品質を軽視しているという意味ではない。

このように売上優先、利益優先の考えが染みついてしまった人の場合、その根本的な思想を急に変えることは難しい。本想定ケースのように、突然営業部門長が品質保証部門長に抜擢された場合、その役割が大きく異なることは理解しているはずではあるものの、やはり売上至上主義の思想から抜けきることができず、不適切行為を選択してしまうケースも見られる。またそのような人が部門長になった場合には、いくら担当者の品質意識が高かったとしても、部門長の意識が部門全体に伝播してしまい、部門全体の品質意識低下へとつながっ

てしまう。

　品質保証・品質管理の部門長の人選は、不正を予防する上でも大きなキーになること、慎重な判断が求められるということを、改めて認識しておきたい（対策については p.58、「4.2　品質保証体制」参照）。

3.9　想定ケース No.9：産業用設備メーカーによる利益優先

3.9.1　想定ケース No.9 の概要

　メーカー I 社では、ある産業用設備に組み込むユニットを製造していた。しかし昨今、当該産業用設備自体の需要が低下していたことから、**I 社の製造するユニットも大幅な減産**を強いられていた。I 社の経営上重大な問題となっており、「なんとしてでも受注増を」というお達しが経営陣から出ていた。この会社方針は営業部門に非常に強いプレッシャーを与えており、連日製品の売込や交渉を顧客に対して行っていた。このような中で、**顧客から無理な要求があっても、現場側とはほとんど相談せずに営業独断で受注を獲得する**事案が発生してしまった（図 3.10）。

　もともと普段から、営業部門と工場の現場部門はあまりコミュニケーションをとっていなかった。本件においても、営業から現場側に対して、受注を取る前に簡単な事務連絡がされた程度であった。具体的な仕様について、しかも**現場側にとって対応がきわめて困難な仕様であることについて共有されたのは受注後**であった。

　このような仕様で本当に製造できるか現場部門で検証するには時間がかかり、また検証結果次第では仕様への対応が不可能となる可能性も見込まれた。このため現場技術部門は、営業部門側に対して、仕様変更の要請を顧客に交渉するよう求めた。しかし**営業部門では、これを受け入れないと他社に発注が流れてしまうことから、交渉自体が困難**であると回答した。

　これを受け、現場側は厳しい立場に立たされた。とはいえ**現場側も減産への危機感は非常に強く**、開発、設計、品証、製造など各部門においても、品質よりも利益が今は至上命題であるという認識があった。このため現場側でも、客先との交渉はあきらめ、製品の仕様に対する試験結果を意図的

47

図 3.10　製造が無理な受注に検査結果を偽装

に改ざんし、仕様に適合しているように装う検査結果成績書を出すこととした（図 3.10）。
　ところがあるとき、客先から成績書の不備を指摘され、試験工程について立入監査を受けることとなり、本不正事象が発覚してしまった。

3.9.2　ケース No.9：産業用設備メーカーによる利益優先のポイント
(1)　減産による品質意識の軽視
　3.6 節「想定ケース No.6：電子部品メーカーによる不適合品納品」では、増産が原因となり品質不正が起こったという事例を示したが、本事例ではその逆で、減産が原因となり、品質不正が発生する事例を示している。増産時とは、不正に至る過程が異なることがわかる。
　増産のケースでは、現場での作業工数が増加することで作業者が疲弊してしまい、作業に手が回らずに、結果として工程をスキップするという不正が発生する、という流れであった。一方で減産のケースにおいては、「売上と利益の低迷をなんとかしなければ」「このままでは会社の存続が危うい」という経営陣の焦りが、各管理職や営業・工場現場に伝播し、彼らが無理をして不正に手を染めてしまう場合が多い。
　企業存続の危機ともなれば、なりふり構っていられない状況である。1つの仕様に目をつぶって受注できるのなら、「ちょっとくらいは……」という意識が顔をのぞかせるかもしれない。
　しかし、この不正が顧客や世間に発覚した際の負の影響、信頼の失墜といった不利益について思慮し、現場担当者に無理をさせないために、増産、減産時

に会社としてどのような体制で臨むのか、経営陣は事前に検討しておく必要がある（対策については p.69、「4.6　増産、減産時の対応検討」参照）。

(2)　営業部門としての品質意識

　3.8 節「想定ケース No.8：おもちゃメーカーによる ST 基準違反」でも示したとおり、営業部門は「製品を売り込む」「売上を上げる」ことを常に意識せざるを得ない部門である。他の部門と比較しても売上確保への意識は高いはずである。そのうえ本件では「なんとしてでも受注増を」という経営陣からのプレッシャーもあり、売上への意識はさらに高まっていたと推測される。外部環境の影響で減産傾向にあるというのに、さらなる受注増を達成するのは至難の業だ。そのため営業担当は切羽詰まり、「多少のハレーションがあっても、無理をしてでも受注するぞ」という意識に陥りがちである。

　よく「売上と品質を天秤にかける」といった表現をすることがある。業務がスムーズに進んでいるときには、おそらく誰でも品質側に天秤が傾いているだろう。しかし、減産による売上低下という非常事態においては、この天秤が売上側に傾きがちかもしれない。売上必達を目標とする営業部門ではなおさらだ。だからといって品質不正に手を染めてこれが発覚すれば、社会的な影響は甚大で、企業存続にも影響を及ぼす。「ぐっとこらえて品質側に天秤を傾ける」、非常時にもその意識を持ち続けられるよう、"身につまされる"品質コンプライアンス教育が必要であろう。不正行為に手を染めた管理職や担当者自身へのペナルティ、そして人生への影響がどれほど大きいものであるか、自分ごととして考えてもらう機会を作っておきたい（対策については p.74、「4.9　品質不正に対する教育体制」参照）。

(3)　部門間のコミュニケーション欠如

　本件（ケース No.9：産業用設備メーカーによる利益優先）では営業部門と工場側の技術部門が、ほとんどコミュニケーションをとることなく顧客との話が進んでしまった。また、仕様に関する懸念事項が明らかになったあとも、営業側は工場現場側の問題意識に真剣に向き合わず、客先への一報もしないまま安易に再交渉を却下している。

　実事案でも部門間のコミュニケーションがうまくとれていなかったことが品質不正の1つの原因になっているケースが多数ある。

商品開発やクレームへの一体的対応など、平時、有事を問わず、部門間でのコミュニケーションエラーは、さまざまな問題を引き起こす。品質不正もその1つである。部門間コミュニケーションの円滑化は品質不正対策のために避けては通れないテーマである（対策については p.90、「4.11　コミュニケーション」参照）。

3.10　想定ケース No.10：食品の産地偽装

ここまで、必ずしも意図的とはいえない品質不正のケースを中心に見てきた。本書全体でも、このような「よかれと思って」あるいは「悪いと思っていない」不正への原因分析と対策がメインテーマである。一方で、古典的な意図的品質偽装、産地偽装については、組織ぐるみであったり、オーナー企業経営者自身が手を下したりすることがほとんどである。本章の最後に参考として、実際に筆者が遭遇した事例（かなり脚色している）を紹介する。自社そのものの不正リスクというよりも、中小企業を中心とした取引先のリスクとして、あるいは自社の言動が偽装行為の引き金になっていないかという観点で見ていただきたい。

3.10.1　想定ケース No.10 の概要

(1) 顧客からの問合せと告発

Ａ食品はたびたび産地偽装が繰り返されてきた。過去に何度も大規模な偽装が発覚し、社会問題になっている。

Ｘ県に本社工場を持つＫ社（従業員100名程度のオーナー企業）でも、長年Ｙ県産Ａ食品を取り扱っており、加工して首都圏に出荷している。同社の製品は品質が良いと評判であり、10年前から大手スーパーのプライベートブランド（PB）品としても採用されてきた。

ところが、数年前からスーパーのお客様相談窓口に、「昔より味が落ちた」「風味が違う気がする」というお問合せが断続的に入るようになった。また最近、匿名のアドレスから「Ｋ社の工場、ちゃんと確認していますか？」という意味深なメールが送られてきた。

(2) 監査で判明した会社ぐるみの実態

これらの状況を踏まえ、同スーパーの品質保証部長はただちにK社本社工場の抜き打ち監査を指示した。

監査担当者が訪問したところ、K社の製造部長はややあわてた様子ではあったが、工場建屋内の原材料搬入口、原材料保管庫、製造工程を案内した。

その後バックヤードの帳票類についても監査担当者の指示にしたがって閲覧に供した。監査担当者は慎重に各所の状況や帳票類をチェックしたが、特段怪しむべき点は見つからなかった。

一通りの現場チェックと、社長、製造部長へのヒアリングが終了したところで、監査担当者は引き上げようとしたが、工場建屋を出たとき、もう1つ、これまで足を踏み入れたことのない古い建屋があることに気づいた。

監査担当者が念のため中を見たいと求めたところ、製造部長は「あそこはもう何年も使っていなくて、いまは古い食品機械の保管庫ですよ」と敷地からの退出をうながした。そのとき、古い建屋から数人の白衣を着た工員が出てきて、たばこを吸い出した。製造部長の静止を振り切って監査担当者が彼らに「いまここでどんな業務をしていますか？」と尋ねると、「え、もちろんA食品を作っていますよ」との返答があった（図3.11）。

監査担当者が建屋内に入ると、今まさに「Y県産」とプリントされた包装フィルムでパッキングされているところであった。しかし、建屋内の原材料保管庫には「China」と刻印されている段ボールのみ山積みされてい

図3.11　古い建屋では産地偽装が行われていた

た。また、中国の一次加工業者が発行した伝票も発見した。追いついた製造部長は、顔面蒼白となり、その場に崩れ落ちた。

監査担当者は製造部長に産地偽装の経緯や理由を聞いたところ、次のように告白した。

① 5年前から少しずつ偽装に手を染めていた。
② Y県産A食品の収穫量は天候の影響で不安定であるため、量の確保を求められるスーパーのPB商品の原材料として不足することが多かった。
③ 中国産の原価はY県産の半額であり財務状態が悪化していたK社としては魅力的だった。

「でも、こんなこと製造部長だけの判断ではできませんよね？」と監査担当者が聞くと、製造部長は無言になった。

すると、横にいた社長が舌打ちして、吐き出すように監査担当者に言った。

「おたくが全部悪いんだよ。これまでうちは品質第一でまじめにやってきた。そんなとき、「うちのPB商品として大量に作って業容拡大しよう。共存共栄で頑張ろう」とおたくのバイヤーが甘い話をもちかけてきたんだ。ところが実際は安いカネで買い叩かれて、しかも納期も納入量もばかみたいに厳しい。ちょっとでも量を確保できないと取引は終わりだと脅される。話に乗ったうちもバカだったけど、おたくの無理難題な要求が、うちの会社を、いや私をこんな風にさせたんだ」

社長はそういうと、ソファーの上で泣き崩れた。監査担当者は何も言えず、押し黙った。

3.10.2　想定ケース No.10：食品の産地偽装のポイント

製造委託先や原料調達先による偽装は、食品業界においても昔から頻発している。もちろん偽装に手を染めた取引先は非難されるべきであるが、今回の仮想事例のように、サプライチェーン下流側が圧力、いわゆるバイイングパワーを振りかざし続けたことも原因の一つである場合もある。サプライチェーン全体での共存共栄の意思を会社として明示し、そのスローガンを裏切らない行動をとれば、偽装に巻き込まれるリスクは低減できる。

第4章

品質不正を予防するために

　第3章では、品質不正の仮想事例をさまざまな視点で紹介してきた。それぞれに原因となる要素が存在しており、ポイントという形で紹介した。第4章では、これらの原因ポイントを踏まえ、品質不正予防のためにどのような対策を講じていく必要があるか、具体的な対策の方向性を解説していきたい。

4.1　品質方針

4.1.1　品質方針の策定・明示

　品質不正を予防するにあたって、何よりもまず企業としての「品質方針」を定め、明示することが重要である。

　とりわけ、当たり前とも思える「品質第一」という"基本のキ"を見える化、言語化することである。「製品やサービスの品質」は、企業の価値そのもの、信頼そのものである。品質があってこそ、はじめて製品・サービスを買ってもらうことができ、売上や利益を獲得できるということを明確化しておこう。

　それゆえ、経営陣が自ら「品質第一」の基本方針を言語化し、明示することが大切なのである。

　「品質第一」という基本的な大方針を示したうえで、「第一」の中身、例えば「世界一の品質を」とか「安定した品質を」という自社の品質の在り様を明示する。ただ、これらは品質第一を当然のこととして達成しようとする役職員の存在、すなわち性善説をベースにしたものである。性善ではあるものの、ときに性弱となる人間の心理をフォローし、品質不正の予防に配慮した文言も必要だ。

　この、「品質不正」にも配慮した品質方針を定めるうえで、**注意してほしいのが「顧客満足」**という視点である。実際の不正事例の中にも、品質方針は定められていたが、「顧客満足」を誤って解釈してしまったという事案が存在し

ている。この事例では、品質よりも納品数量・納期に対する顧客満足を重視してしまったため、不正に至っていた。

　品質方針の中に「顧客満足」や「お客様第一」という文言がある場合には、当然製品やサービスの「品質」について信頼してもらい、満足してもらうことを目的としているはずである。しかし「顧客満足」という言葉には、TQRDC（Technology（技術）、Quality（品質）、Responsiveness（対応）、Delivery（納期）、Cost（コスト））という複数の要素が含まれる。上記の事例では、この「技術」の部分で「安全上、機能上問題ない」と判断したうえで、「納期」に対して顧客に迷惑をかけないために、顧客と約束した仕様を逸脱し、品質不正に陥っていた。

　このため「顧客満足」と単に示すだけでは、ときに品質よりも納期や、これを正当化する技術が優先されるリスクがある。したがって、単なる顧客満足だけでなく、「顧客の信頼性への保証」という視点も含めて方針を作る必要がある。

　つまり、ひとりよがりで安全上・機能上問題ない製品を提供するだけでは足りないということを示すのである。顧客視点で、顧客と取り交わした約束を守って良品を提供するということや、良品だと安心して信じてもらえる環境をも提供するということを示し、役職員の意識を導くのである。

4.1.2　品質方針の周知（伝え方、そして"くり返し"）

　品質方針を定めた後は、社長または品質統括責任者などの上層部から従業員に、この品質方針を発信し、想いも含めて伝えていくことが重要だ。そしてさらに、伝えるだけではなく、本当に伝わっているかについて、従業員とよく対話して確認することも重要なことである。

　以下に、品質方針の主な発信方法を示す。

《品質方針の発信方法》
- 品質方針をまとめたものを事業所の壁に貼る。
- 直接全従業員に対して方針とその思いを話す場を設ける。
- 品質方針をまとめた紙（カード）などを全従業員に配る。
- 首から下げる社員証の裏に印字しておく。
- メールなどで従業員宛に品質方針と意図などを発信する。

> - 朝礼で唱和する。
> - 社内放送で放送する。
> - 社内報などの中に入れ込み、展開する。
> - 品質教育資料の中に、この方針を盛り込む。

　これらの取組みはありふれており、むしろ昭和的な懐古主義と思われるかもしれないが、あながち無下にできない。筆者は過去、品質重視と評判の高い会社を豊富に取材してきたが、みんなこのようなありきたりな取組みを実践していた。幹部従業員も、工場現場担当者もそれらの発信を正面から受け止め、その思想を日々の業務に落とし込んでいる姿が印象的であった。

　人間は五感から情報を得ているが、視覚からの情報が80〜90%を、聴覚からの情報が10%以上を占めると言われている。そうであれば、「品質第一」をはじめとした品質方針を言語化し、それを目立つ方法(大きさ、色、フォントなどの工夫が重要)で作業場やオフィスに掲示し、役職員全員が目に触れるようにしておく、またときには朝会などで唱和することは効果的といえる。

　ここで忘れてはならないのは、人は慣れやすく、また忘れやすい生き物である、ということだ。一度何か情報を伝えたくらいでは、その人の中には残らない。特に品質マインドというのは、何度も何度も繰り返し伝えられることで醸成されるものである。また、時間が経てば経つほど、過去大きな事案が起こっていたとしても忘れてしまう(後段で取り上げる「乳業メーカーの食中毒事件」参照)。このため、種々の情報を発信したとしても、従業員はそのうち忘れてしまい、「そういえば何か言っていたかな？」という程度の意識にまで落ちてしまう。

　過去、コンサルティングを行う中で、品質に対する意識調査を行った際にこんなことがあった。経営陣にヒアリングすると「年初の進発式で品質に対する方針を、熱意を持って発信した」のでしっかり周知した、という認識であった。しかし、末端の作業員に確認すると「え、そんな発信なんて知らないですよ」「何か話があったかもしれないが忘れた」など、上層部からの発信内容はまったく記憶に残っていなかった。

　一度情報を伝えた程度では、相手に伝わらない。経営陣や管理職であるあなたは、**伝えた「つもり」でも、それは「伝えなかった」と同義**だ。

　結果として、発信者と受信者の認識には大きなギャップが生じてしまう。何

度も何度も情報を発信し、何度も何度も「言って、聞かせる」ことが必要である。

　筆者が昔配属されていた工場では、品質管理部長が、「魂込めて物を作るんだぞ！」と、事あるごとに話をしていた。耳にタコができるほど聞いていた言葉であったため、ほぼ全作業者がこの言葉を覚えており、自ずとこの言葉に乗せられて、「魂込めて製品作ろう」「変な製品は作れないな」という意識が、現場にも醸成されていた。記憶に残りやすい、わかりやすくインパクトのあるワードを使ったことで、現場に浸透していたのである。ワンセンテンスでポイントを伝えること。伝える側の言葉のセンスも重要だ。

　とはいえ、わかりやすいワンセンテンスであっても、何度も何度も繰り返し伝えなければ記憶には定着しない。わかりやすく繰り返し伝えて潜在意識に刷り込むことができれば、自ずと自社品質方針の方向性を体得できるであろう。

　会社方針の刷り込み、という点で世界に目を向けると、上記以外にもさまざまな工夫が見えてくる。米国のある大手企業では、末端の現場従業員も含め全従業員に企業方針や行動規範が記載された紙を配っている。ここまでは上記の発信の工夫と同じである。あなたの会社でも実践しているかもしれない。ただし、その米国企業では単に紙を配るだけでなく、何か判断・意思決定をする際に迷ったときには、必ずその企業方針・行動規範を関係者全員で見返す、というルールがあり、そのとおり運用されている。会社方針と行動規範を高頻度で見返してみんなで考えることが習慣化されているので、おのずと刷り込まれていくのである。実際に同社は製品問題や各種トラブル発生時の意思決定に一貫性があり、それが現場マターにも貫かれていると賞賛を集めている。

　しかし、最初から目標を高く設定し過ぎることは現実的でない。身の丈にあった取組みから始めよう。品質方針の発信の工夫、各現場での伝え方の工夫、そして何より何度も繰り返して発信する、これを会社が続く限り継続することが重要だ。

4.1.3　企業トップの意識は大丈夫か？

　よくある話ではあるが、企業方針は「品質第一」と位置づけてあり、新年の社長の挨拶も「品質を大事にするように」と話している。品質方針とその発信は一応実行されている状態である。

　ところが従業員の誰に聞いても、「あの人は売上至上主義で全然品質のこと

など考えていない」「毎年毎年口だけだな」といった評価しかされない経営者を実際に見てきた。会議に出れば「売上はどうなった？　利益はどうなった？」とカネの話だけ、品質に関する発言など聞いたことがない、という状況である。もしかしたら読者の会社の経営陣にもそのような人もいるかもしれない。

　ここまで極端でなくとも、品質方針策定や発信はうわべだけ、「あなたの本心はどうなの？」と思ってしまう経営者はいるものだ。もちろん「品質は良いほうがいい」とは考えているだろう。ただ根底の意識は、「そう発信しておいたほうが世間的にも従業員的にも通りがいいだろう」程度に考えているかもしれない。本心では「品質は二の次だと思っている」「会社はカネを儲ける場所でしょ」という潜在意識が見え隠れする。

　品質方針策定やその発信はあくまで経営者の想いを伝えるための手段でしかない。肝心の想い自体が虚飾であれば、あるいは深く考えていなければ、従業員側に簡単に見破られてしまう。もちろんトップマネジメントには、財務的な安定性を保ちつつ、従業員を食べさせていく責任がある。会社の稼ぎは重要だ。しかし、自社の信頼や安心を確保できなければ誰も買ってはくれない。そして自社製品やサービスの、あるいはそれを作り上げるプロセスの「品質」に曇りがないことが、信頼や安心の土台となる。

　トップ自身の根底に、「品質第一」の意識があるだろうか。そこに行き着くためには、顧客や消費者から厳しい指摘を受け、「どうやったら信頼してもらえるのだろう」と何度も苦しみながら、仲間とともに必死に考えて行動した経験が必要だ。その重みがあって初めて、やはり品質第一なのだな、とご自身で納得できるであろう。この納得があって、はじめて言葉が力を持つ。机上の学問だけでは習得できない人生の重みが、言葉や伝える姿勢にのり移る。

　品質方針をはじめとした企業方針は、「会社トップの信念」だ。「見た目」はできたが、その本質を経営者自身が理解しているか、魂の入っていない仏になっていないか、自問自答をし続けていただきたい。

　そしてこれはトップマネジメントだけでなく、品質を統括する役員や品質部門の部長にも、同じように当てはまることである。**「品質への意識」が本当に根底にあるか？　それを普段から行動や発言で示しているか？**　今一度、振り返ってみてほしい。

4.2 品質保証体制

4.2.1 品質保証部門や検査部門の位置づけ

　品質不正事案の中でも複数確認されているのが、品質部門が製造部門の中にあってけん制機能が働かず、全社的に品質軽視の意識となっていたという事案である。あるいは、品質部門は独立しているが、工場の検査部門が製造部門にぶら下がっており、品質部門が影響力を発揮できない、ということもある。これは品質不正という視点でなくとも、品質クレームや製品欠陥が多くなってしまう体制上の原因として、昔からよく指摘されてきたことである。

　一般論として、**品質部門は社長直下などの位置づけで独立させ、製造関連部門とは別の立場であることを明確化し、けん制機能が発揮できるようにすること**が望ましい。製造部門内に品質部門や検査部門があると、製造部門の目的である納期内での必要数量生産が優先され、品質上の不適合を躊躇せず指摘できない、いわば忖度(そんたく)が働く場合が多くなる。

　例えば、「どうしても納期に間に合わない、あと少しで間に合うのだが……」という状況に陥ったとき、製品の検査結果がグレー（社内規定上はNGではあるが、誤差範囲レベルの結果）であったとする。このとき、検査部門が製造部門内にあった場合、納期を優先してOKという出荷判定をしてしまうかもしれない。このとき、検査部門の担当者に「検査や品質を軽視している」という認識はおそらくない、あっても薄いだろう。あくまでも「納期遵守」という顧客満足を満たすためにOKの判定をしたにすぎない。悪気はなく、「顧客のために実施した判断であった」という認識である。しかし一方で顧客と約定した社内規程遵守というルールは破っている。

　もし検査部門が生産部門ではなく、品質部門にぶら下がっていた場合はどうなるであろうか。納期は納期、品質は品質と割り切って判断することが可能になる。いわゆる「第三者の目」として淡々と結果を判断できる。

　従業員は組織の中で役割を与えられ、その所属部門の目的に従って行動する。そうであれば、所属する部門の意味付け、ここではけん制を働かせる品質部門としての独立性をはっきりと示すことで、その所属メンバーの品質意識に変化を与えることができる。

4.2.2　品質部門の権限とリソースの強化

「検査部門を第三者の目として機能させる」という思想にもとづき、元々製造部門の中にあった品質部門を社長直下の部門として独立させた企業は多い。しかし、それだけで満足してしまっている場合が非常に多い。品質部門を独立させることが目的化したパターンである。単なる組織的な位置づけのみ変更し、部門権限やリソースが変わらないのであれば、組織としてできることはほとんど変わらない。部門メンバーや他部門従業員の意識変化も小さいままである。これまでと同じように品質軽視の思想が引き続き幅を利かせてしまう可能性が高い。

　せっかく品質部門を独立させるのであれば、品質部門の権限や役割、リソースについても検討、修正する必要がある。

　まずは権限規程の見直しが肝要である。例えばこれまで品質部門が生産本部の中にあった場合、あくまでも生産本部内での品質管理、品質保証の役割のみ権限規程中で与えられていたはずだ。その品質部門を生産部門から独立させるのであれば、生産本部とは切り離した権限を有することを、明確に規定する必要がある。これにより、単に調達、製造、出荷に関する品質管理・保証のみならず、設計・開発、サプライチェーンマネジメント、さらには営業部門など、モノづくり企業あるいはサービス企業としての提供品質すべてを管轄し、チェックできる機能を持つことを明示できる。

　次は部門リソースの再検討だ。よくあるのが、人員配置や人数は同じなのに、品質部門の独立化と権限強化に伴い、これまでの業務に追加して新たなタスクやミッションを課すというケースである。この場合、単純に工数が増加するにもかかわらず、人的資源等のリソースは同じであることから、早期の段階で部門として機能不全に陥る。これまでの業務も新しい業務も、両方とも中途半端となってしまう。その結果、本来品質部門として実施すべき品質保証体制の構築・改善や製品自体のチェック、そして不適切行為の端緒を発見して芽を摘むというアクションが、適切に実施されなくなってしまうおそれがある。

　品質部門の独立と権限強化に併せて、増加する工数を想定し適切な人員配置や増員、その他リソースの強化等、経営陣としてバランスの取れた資源配分を行っていくことが重要である。

4.2.3 品質部門長の選定

　品質部門を独立させ、権限を与え、人員も強化した。あとは、この新しい組織を引っ張るリーダーに適切な人物を任命することである。この組織が機能するか否かは、その人物が適切なリーダーシップを持っているか、そして何より経営陣の熱い想いに共感する**高い品質意識を持っている人物**であるかにかかっている。

　メーカーには、設計部門、開発部門、営業部門、設備管理部門、購買部門、製造部門、生産技術部門など、さまざまな部門がある。各部門には部門ごとの色があり、対象部門に長くいればいるほど、その考え方に染まっていく。別の部門に異動したとしても、長く在籍していた部門の思想的な影響を受け続けるということは、よくある話である。このため、品質部門の部門長を選定する際にも、どのような考え方を根幹として持っている人物であるのか、どのような部門の思想傾向に影響を受けているのか、十分に考慮する必要がある。

　まずは、品質部門たたき上げの人物を選定する場合を考えてみる。長年品質管理・品質保証にたずさわってきた人物は、物事を「品質」という目で見る傾向が強くなる。筆者も品質管理、品質保証部の出身ではあるが、製品を見ると「この製品の品質は安定しているな」「どうやって管理しているのかな」「この製品は正規分布の端っこの製品だからうまく動かないんだな」などとふと考えてしまう。一種の職業病のようなものである。このため、自ずと品質意識も高い人が多いはずである。また設計や開発部門からの人選も良いと考える。製品自体の技術的な背景を把握しているため、品質についても適切に判断できる場合が多い。

　一方で製造部門または営業部門を長年経験した人物を選定する場合を考えてみる。もちろん製造部門のキャリアが長い場合、さまざまな品質問題に直面して苦労した経験を踏まえ、品質尊重の意識が高い社員も多いだろう。営業部門のキャリアが長い場合でも、顧客からのクレームや叱責をじかに浴びせられる経験をしているため、品質第一を十分に理解している方も多いだろう。

　ただこの2つの部門の共通点は「売上に直結する部門」ということである。つまり、品質重視はもちろんであるが、売上と納期尊重との間で天秤にかける傾向が一般的には存在する。この売上・納期尊重という心理は、不正のトライアングルで言う「動機」に位置づけられるものである。そして、メーカーにおける品質不正問題の「動機」は、ほぼこの2つに集約されていると言っても過

言ではない。

3.4節「想定ケース No.9：産業用設備メーカーによる利益優先」においても、「品質保証部門長が元々営業部門出身」という事例を示したが、実際の不正事案においても、類似のケースが確認されている。営業部門に長くいた人は「お客さまに迷惑をかけてはいけない」「売上を確保しなければいけない」などの気持ちにどうしても陥りやすい。また製造部門が長い人は「納期を絶対遵守しなければ」「生産量を確保しなければ」などの気持ちに陥りやすい。

もちろん、上記はあくまでもその部門メンバーの心理の傾向を示しているだけであり、製造・営業部門出身者であっても十分な品質意識とバランス感覚を兼ね備えた適任者を多く見てきた。しかし、**他の部門と比較すると注意が必要であり**、これらの部門出身者から品質部門長を選定する際には、その人物の人となりや根幹となる品質への考え方を十分検討し、人選を行うことをお勧めする。

4.3　品質不正をチェックする監査

ISO 9001 を取得している企業などでは、品質本部などが、各事業部や工場に対して品質に関する内部監査・現場監査を担う体制が整っているはずである。このため、一見すれば、現場管理者以外の第三者の目で製品品質や品質管理の状態を確認できているようにも思われる。

しかし、実際の品質不正事案では、「品質監査が十分に行われていない」「監査自体が形骸化していた」など、不十分な監査が品質不正の要因の1つとして論じられているケースが多い。

確かに監査が形骸化していたケースもあるだろうが、一方で品質監査自体は体制化され、適切に実施されていたというケースもある。

ポイントとなるのは、「品質不正をしているかどうか？」という視点で見ているかどうかである。そして、「おそらくは」であるが、品質不正事案が社会問題化する前の段階では、このような視点で監査をする企業は少なかったのではないかと思われる。

ISO などで要求される品質監査は、あくまで「工場内の品質管理状態が適切に運用、管理されているかをチェックするもの」である。ある程度、性悪説的観点も踏まえて現場確認はするが、「マニュアルは適切にあるか？」「それを部

第4章　品質不正を予防するために

門として管理しているか？」「運用実施している痕跡があるか？」などを確認することが通常である。「意図的にルール無視や勝手な工程変更をしていないか？」という品質不正の観点では見ていない企業は少ないと考える。

仮に不正の痕跡を確認しようとしても、細かな検査工程や記録まで深掘りして確認する必要が出てきてしまう。しかし品質監査はあくまで工場全体の運用状況をチェックすることが目的であるから、現実的には俯瞰的な観点でしかチェックできない。工場では、多種多様な製品を作るために複数のラインがあり、各ラインで管理項目や検査項目などはそれぞれ違う。また同じラインであっても金型を変えればまた別の製品を生産することとなり、その製品ごとにも管理項目は変わってくる。このように無数の製品や管理がある中で、すべてのラインや製品に関して、その検査内容を一作業一作業、細かくチェックするというのは現実的に不可能である。このため、従来の品質監査の中で「不正」を発見することは難しいはずである。

このため、品質不正チェックを目的とした監査をする場合には、従来とは異なる視点でチェックをする必要がある。以下にそのポイントをまとめる。

4.3.1　品質不正に特化したチェックシートの作成

前述のとおり、普段の品質監査の中では「不正を行っているか？」という視点でのチェックができておらず、チェック項目としても存在しないことが多い。品質不正のチェックもできるように項目を追加して監査を行う必要がある。主な項目を以下に示す(表4.1)。

4.3.2　従来の品質監査とは別枠の「品質不正」に特化した監査を実施

品質不正に対する監査の方法として、従来の品質監査の中で品質不正に関するチェックも併せて実施するか、品質不正に特化した個別の監査を行うかという2つの方法がある。これらにはそれぞれメリット、デメリットがある。以下に各種方法のメリット、デメリットを表4.2に示す。

品質不正をあぶりだすという観点では、**後者「個別監査型」で実施することが望ましい**。一方で、このやり方だと、監査を2回行うことになるため監査する側もされる側も工数増となってしまう。工数の増加は、各部門の負荷の増加、業務の多忙にもつながってしまう可能性があるため、注意が必要である。メリット、デメリットを踏まえ、自社の状況にフィットする方法を選択していただ

4.3 品質不正をチェックする監査

表 4.1　各部門における品質不正にも着目したチェック項目のポイント

設計	客先要求仕様に対して適切な検証が実施されているか？
	客先要求仕様と試験結果の合否判定の基準に乖離はないか？
	試験結果が意図的に修正された痕跡はないか？
	適切な頻度、メンバーでデザインレビューが行われているか？
	社内の設計承認ルートどおりに正しく承認がなされているか？
	検証にかかる期間が短すぎないか？
製造	製品の作業指示書があるか？
	製品の要求基準と作業指示書の内容に乖離がないか？
	作業指示書の内容は適切に更新されているか？
	作業指示書の作業内容と実際の作業に乖離はないか？
	設備は老朽化していないか？（設備トラブルの頻発により生産に影響を与えていないか？）
	設備管理（日常点検、定期点検、校正など）が適切に実施されているか？
	客先に提示されている 4M（人、原料、製造方法、設備）と、現場運用されている 4M に乖離はないか？（変化点は適切に客先に申請されているか？）
検査	製品の要求基準と検査指示書の内容に乖離がないか？
	検査指示書の内容と実際の検査方法に乖離はないか？
	検査結果が意図的に修正された痕跡はないか？
	不合格品が納品された痕跡はないか？
	検査結果は適切に承認（ダブルチェック）されているか？
	検査機器、設備の校正や更新は適切に実施されているか？
その他（動機）	売上の増減に対して現場の人員体制は適正か？
	目標設定の項目や数値に異常はないか？
	品質不正に対する教育は、定期的になされているか？

きたい。

4.3.3　抜き打ちでチェックする

　品質監査の際、対象となる製品やラインなどを事前に指定し、工場側で準備したうえで、当日を迎えることが多いだろう。確かに、事前に準備してあれば、仮に「あの検査成績書を見せて」と言われても、すぐに提示ができる。また、現場の作業を止めることもなく、スムーズに監査ができるため、合理的であるとも思える。

　他方、この方法では品質不正を見抜くことは難しい。工場側で事前にチェッ

63

第4章　品質不正を予防するために

表4.2　各種方法のメリット、デメリット

監査の方法	メリット	デメリット
（従来の監査に）追加型	1度の監査でチェックするため、重複なく効率的に確認することができる。	従来の品質監査にチェック項目が追加されるため、所要時間が増える。このため、細かくチェックはできなくなり、結局不正を見逃してしまうことになりかねない。
個別監査型	品質不正に特化していることから、チェック内容を細かく精査できる。	従来の品質監査とは別に行われることになるため、両方の準備に時間がかかってしまい、監査側も現場側も負荷が大きくなってしまう。

クされるポイントはわかっていれば、言い方は悪いが、いくらでも情報が操作できる。仮に普段行っている検査方法がマニュアルと違っていても、当日だけマニュアルどおりの対応をさせておけば、バレることはない。検査成績書も、監査員に見せるサンプルだけうまく処理しておけばバレない。

このような隠ぺいを回避する方法として有効なのは、抜き打ちチェックである。監査の準備はされていないため、各種ドキュメントや記録を提出させるための時間はかかる。しかし、逆に準備されていないということは、普段実施されているリアルな状況を確認できることになる。このため、不正があれば芋づる式に見つかることもあるかもしれない。

筆者も納品先の企業からの顧客監査をよく受けていた。監査のときには、他社製品を生産しているラインもあるため、あらかじめ当日歩くルートを決めておき、そこに誘導して現場確認をしてもらうこととしていた。このため、ルート上の現場は美しく整理整頓していた。しかしあるとき、監査経験が豊富な担当者が監査に来た際、予定していたルートを誘導していても、突然向きを変えて別の工程を見に行ってしまうことがあった。このようなことをされると工場としても（非常に）困ってしまうが、「このラインもうちに納めている部品を作っているラインだから見てもいいよね？」と言われれば、見せざるを得なくなってしまう。こうなると、その生産ラインで何か"あら"が見つかった場合には、反論の余地もない。

品質不正に話を戻すが、このように突発的な行動、**抜き打ちチェックは、品**

質不正のような「隠ぺいする」類のことを発見するために、非常に大きな効果を発揮することとなる。筆者も以前、突発的に家の玄関を掃除しようと思い立ち、玄関周りを片付けていたら、家族が隠していた筆者への誕生日プレゼントを見つけてしまったことがある。家族曰く「ここに隠していればバレないと思っていたのに」とのことであった。自分へのサプライズプレゼントを自らの行動で棒に振ってしまうという、なんとも悲しい事案であった。

このように、突発的な行動に人間は無防備になってしまう。どんなに隠そう隠そうと思っていても、事前に準備がなければ、バレてしまうものである。当日まで監査対象のラインを伝えず、当日対象のラインを伝えたり、対象ラインをチェック中に急遽別のラインに入り、抜き打ちで検査状況をチェックしたりするなど、監査の中に突発的な行動を入れることをお勧めする。

4.3.4　データのトレンドを見る（昔のデータとの比較）

　検査データの改ざんにおいては、検査したデータの情報を書き換える、過去のデータを引用する、架空の数値を入力するなど、さまざまなパターンがあることを紹介してきた。しかし、いずれのデータ改ざんパターンにおいても、故意にデータを修正していることから、**従来の検査データとはトレンドが変わっていることが多い**。

　このため品質監査実施時にも、過去にまで検査データを遡って現在のデータと比較することで、不正をしているかどうかがわかることがある。

　例えば、$n = 10$ の検査データにおいて、昔は各数値にばらつきが確認されていたが、現在はほとんどばらつきがない、過去の検査データの中に定期的に同じデータがある、ということがあれば意図的なデータ修正が行われている可能性がある。さらに深掘りすることで不正を暴くことができるかもしれない。

4.4　不正防止のための検査システムの構築

4.4.1　修正が物理的にできない検査システム

　メーカーにおける品質不正においては、検査データを改ざん、ねつ造するという事案が多いことは周知の事実である。このため、そもそも検査したデータ自体を修正できないようにすることが、不正防止にも高い効果を発揮する。手作業で入力するようなデータ記録方法だと、簡単にデータを修正できてしまう

第4章　品質不正を予防するために

ため、不正に走りやすい状況となる。不正のトライアングルで言えば、「機会」において「修正しやすい環境」が存在することとなる。

　もっとも効果がある対策としては、検査結果を自動的に記録する検査システムを導入することだろう。費用は相当かかるが、検査結果が物理的に修正できないため、データ改ざんに対して直接的な対策となる。

　ただ、想定ケースにおいて問題点として述べたように、検査機器のトラブルなどでデータを修正しなければならない場合も出てくるだろう。すなわち、人の手による修正が必要となってしまう。

　実際の不正事例でも、類似のレベルまでセキュリティレベルを高めた検査システムを導入していたにもかかわらず、データ改ざんが行われた。この事例では、イレギュラー対応時には手で修正できるという仕様がシステムに組み込まれており、これが悪用されていた。こうなってしまうと、表面上はデータにまったく異常が見られないため、不正に気付くことが困難となってしまう。

　検査システムは不正に対して抑止力を発揮することはできるが、完ぺきではないということ、システムを扱う人の品質意識が重要であること、そして高い品質意識を持つ人も置かれた環境によってその心が揺らいでしまうということは、改めて理解しておきたい。

　それゆえ、システムと人の脆弱性をカバーする工夫、例えば人の手による修正には上長の承認やパスコードを必要とすること、また修正した場合にはすべて履歴が残り、修正したこと自体が上長や品証に自動で連絡されるようなシステムにしておくことが望ましい。

4.4.2　既存の検査方法を工夫する

　コスト問題や現行の作業環境などの制約要因から、前述したような大々的な仕組みの導入が困難な場合も多いだろう。そのような場合には、既存の検査方法（ソフトウェア）を工夫することで、リスク軽減を図るという方法も考えられる。例えばエクセルなどの表計算ソフトを使用して検査結果を管理している場合、以下のような方法がある。

《表計算ソフトによる検査での不正リスク軽減策》
① 　入力内容に変更履歴を付けておき、修正した際も自動で履歴情報が残るようにしておく。

② 入力したセルを編集できないようにロックをかけ、パスワードがないと修正できないような仕様にする。
③ 検査データが自動で転送されるようなマクロを組んでおく。

ただ、これでは人の手での修正を完全に排除できている状態とはいえない。この手順をルール化、マニュアル化しておき、検査員教育を行う、ルールを遵守しているかを上長が定期的にチェックするような体制を構築するなど、さらなる対策も必要である。

4.4.3 検査システム構築の優先順位

規模が一定以上のメーカーであれば、さまざまな工程、さまざまな工場で、多様な検査を行っている場合がある。そうすると、大々的に新しい検査システムを導入しようとしても、あまねくすべての製品に適用することが困難な場合もある。

このような場合には、優先順位をつけてどの製品から適用するかを検討することが重要である。自動化された検査システムを導入する利点は、品質不正の防止に資するだけではなく、入力の手間の削減、手戻りの低減、管理の簡易化など、工数低減（売上向上）にも資するということだ。そして実は、工数低減はそのまま品質不正防止にも効果を発揮する。検査員やその管理者の業務過多が不正の原因となる場合も多いからだ。

そこで、製品や工程に関する下記のような特性・リスクを踏まえ、新検査システムを導入する優先順位を検討していただきたい。

《検査システム導入の優先順位を検討する際の主な観点》

- 検査員の実務工数が過剰にかかっている。
- 製品の生産数が多い（各工程の工数低減が必要）。
- 上長によるチェックが困難など、工程上、管理が難しく、不正に至る可能性が比較的高い。
- データ化が比較的容易な検査である。
- 顧客から検査管理強化の強い要望が出ている。
- 過去に検査記録にまつわる品質クレームを生じたことがある。

4.5 設備の更新

　一見すると「設備の更新」と品質不正というのは直接的な関連性が薄いようにも思える。しかし実は、不正のトライアングルの「動機」の部分に深く関連して不正事例の原因の1つとしてあげられることがある。

　実際の不正事例を紹介しよう。ある工場では、生産設備の更新が遅れていたことにより、設備の不具合や稼働停止が頻発し、生産が"チョコ停"[3]するなどトラブルが多発していた。設備管理部門はその都度修理しなければならず、この間、生産が止まることとなった。生産が止まるとその日の生産計画に遅れが生じて、予定していた納品数にも達しなくなってしまう。製品を待っているお客様にも迷惑がかかる。そこで担当者は、時間のかかる検査をスキップすることで工数を削減し、無理やり納品数を確保するという不正を行うこととなった。

　不正のトライアングルの「動機」の中で、特に多いのが「納期に間に合わない」など時間軸に関する動機である。納期遅れにはさまざまな要因があるが、「設備の老朽化・更新遅れ」もその主要因としてあげられる。設備の更新遅れが納期遅れを招き、ひいては品質不正に手を染めさせるという因果の流れを形成する。

　対策としては、「設備更新を計画的に実施する」ということに尽きる。とはいえ、設備投資はカネがかかる。品質不正対策のために、という直球の理由を提示して設備更新を求めても、利益を生むことを求められる経営陣は容易に頭を縦に振らないだろう。計画的な設備更新の必要性を説く際には、売上・利益への影響と不正防止の原因という複数の視点で丁寧に説明することが必要だ。

　設備老朽化により、"チョコ停"が多発して生産数が低下すれば、納期遅れの原因となる。同時に設備機能が低下しているため不良率が高まって歩留まりが悪化する。その結果、生産計画未達となってさらに納期遅れが悪化する。そうすると工場現場ではなんとかしたいという動機が生まれ、検査を省略するという悪循環が生じる。

　つまり、設備更新が遅れれば、納期遅れをきたして本業の売上・利益(そしてメーカーとしての信頼)にも影響するし、品質不正の端緒にもなるというこ

---

3) 生産設備のトラブルで、一時的に設備や生産が停止・空転する現象のこと

とを品質保証部門として丁寧にアピールする必要がある。

とはいえ、丁寧に説明したからといってそう簡単に設備更新に予算を配分してくれる訳ではない。

設備更新遅れに伴う品質不正が発生したケースでは、事業が斜陽化し、売上が低迷している場合も多い。事業の先が見通せない中、新たな設備投資にカネを回そうという企業は少ないかもしれない。

また、現在は「増産につぐ増産」で絶好調であっても、日系メーカーはバブル崩壊以来、辛酸を味わっている。一時の好業績で調子に乗って莫大な設備投資をしたのに、その直後に不景気が到来し、アジア諸国の競合に顧客を持っていかれた有名企業も多い。そして過大な工場と設備という負の遺産だけが残り、財務を圧迫し続ける。そのようなトラウマがある日本の経営者にとっては、社運をかけた設備投資は慎重にならざるを得ないのである。

このように設備更新には、売上・利益の取り逃がしをなくし、品質不正の温床化を防ぐという大きなメリットがあるものの、生々しい財務リスクを考慮せざるを得ない。検査システムの項でも見たように、「一気に」というのではなく、優先度をつけた現実的な設備更新を計画的に進めることが求められる。そして、設備更新を求める現場側や品証側は、更新の必要性について合理的な根拠を用意しつつ、経営企画部門や財務部門、その担当役員とも事前の調整を行い、外堀を埋めておく努力が必要である。

4.6　増産、減産時の対応検討

品質不正行為には、工場の増産や減産という生産量要因も影響する。想定ケースの中でも解説しているが、増産時には生産現場の業務がひっ迫し、検査工程などのスキップやNG品のすくい上げなどによる品質不正が起こる。一方で減産時には、売上を確保するために無理な仕様で受注し、設計・検査データを改ざんするという不正行為が行われることがある。

もちろん、平時においても生産には波があり、増産や減産は日々発生する。しかし、日常的な増減を超えた急激な増産・減産や、継続的かつ長期にわたる増産・減産が起こると、不正行為が発生しやすい傾向にある。以下、増産・減産それぞれの局面における不正行為抑止のポイントについて解説する。

4.6.1　増産時の対策ポイント

　増産時においては、生産現場の疲弊が品質不正に発展することが多い。生産計画を見直せるのであれば見直したいところだが、顧客からのオーダーが山積みになっている状況なのである。これを見直すなどということは非現実的である。

　実際に発生した品質不正事例でも、はじめの頃は過剰増産という事態にまでは至っていなかったことから、現場の工夫でなんとか乗り切っていた。この取組みがうまくいっていたことから、「問題ないはず」「工夫で乗り切れる」と上層部が勘違いしてしまい、その後も生産計画を見直すことなく少しずつ増産が進められた。しかし、実際には現場はかなり無理をしていた状態となっており、あるとき、不正に手を染めてしまった。

　それゆえ、まず経営陣や工場幹部としては、現在の増産状況が生産現場や検査現場にどの程度の悪影響があり、無理を発生させているのか、正しく把握することが大切だ。もちろん現場側では会社の期待に応えて、成長に貢献したいと思っている。さらにいえば、"上げ潮"のときには、「しんどいです」「もう無理です」と言いにくい雰囲気が醸成されるものである。

　したがって、表面的な現場側からの報告では本当のしんどさは実感できない。**幹部が工場現場をまわって、一人ひとりの顔を見て、声をかけて**そのリアクションに耳を澄ませる必要がある。また、安心して本音を話せる環境作りをしたうえで、個別に対話できる場をもつことも大切だ。

　そのうえで、やはり現有戦力では増産に耐えられないと判断したときには、固定費増大リスクを負いつつも、増産に耐えうるだけの人員増強や生産設備・検査設備増設・更新など、リソース確保に資金を捻出しなければならない。

　既存の体制ではもはや対応しきれないほどに増産が続けば、工夫ではどうしようもなくなってしまう。将来の財務リスクを残すこととなるが、過去事例を踏まえると品質不正の引き金に現場の疲弊があることは実証されている。

　会社が崩壊する前に生産計画を調整して生産量を減らすのか、あるいはリソースにお金をかけて増産に耐えられる基盤を整えるのか。それとも、今まで通り無理をさせ続けて破局を迎えるのか。いずれにしても、その結果責任は経営陣が追うこととなる。

4.6.2　減産時の対策ポイント

　一方で、減産時の対策ポイントは、受注時点のけん制機能の確立と、部門間でのコミュニケーション強化である。

　大きな減産が続けば、事業の存続自体に影響が及ぶ。そのため、なんとしても売上を立てて事業を続けたい、あるいは多少無理をしてでも受注を獲得したいという思考に陥りがちだ。この思いは理解できるが、**営業部門が考える"多少の無理"というのは正常性バイアスがかかったものであり、実は製造現場に"多大な無理(当該仕様では実現不可能な納期など)"を強いるもの**である。多大な無理(当該仕様では実現不可能な納期など)をカバーするため、生産手順の飛ばしや検査データの改ざんが発生する。そしてこれらの不適切行為が発覚し、結局事業の存続ができなくなる。本末転倒とはこのことだ。

　このような事態を予防するためには、例えば営業部門が引っ張ってこようとしている受注内容の妥当性について、品質部門が適切に判断できるようなけん制機能が必要である。生産現場に無理が発生しそうな受注か否か、リスクの高低については、契約前の時点でもある程度経験的に線引きはできる。「危ない、生産が崩壊するかもしれない」と品質部門が予感したなら、彼らに「No」と言わせることが重要だ。そのためには品質部門に強い権限が必要であり、上層部もそれを認める気概を持って、申告しやすい仕組みや体制も検討する必要があると考える。

　また、減産時に発生した品質不正事案の中には、部門間のコミュニケーション不足が理由のものもある。営業部門が勝手に受注を取ってきてしまい、無理があると技術部門が判断したにもかかわらず、社内で揉めることを避けるために、顧客へ突き返すべきだと営業部門に提案をしなかった。

　その結果、生産現場での無理をしたせいで品質不正を起こしてしまったというケースである。受注すべきか否かの判断、技術的に実現可能か否かの判断においても、部門間で適切に相談し、率直に相談できる環境があるということが、不正予防の素地として重要となる。

　そのためには、業務関連でもそれ以外でも、日頃から部門長同士、課長職同士、あるいは担当同士が、気軽にコミュニケーションできる場が必要だ。得てして部門長同士の仲が悪いと、その雰囲気は部下に伝染する。このような泥臭い人間関係の機微についても、組織づくりをする経営陣たちが目配りをしているかどうか。仕事のトラブルは、つまるところ人間関係に帰結するのである。

哲学者アルフレッド・アドラーの言葉、「この世のすべての悩みは対人関係の悩みである」は、品質不正を考えるうえでも忘れてはならない金言だ。

別の目線で考えると、減産時に普段できない活動をすることも、品質不正対策に有効だ。減産時にはどうしても仕事が減ってしまい、仕事がないこと自体に対する不安や焦りが増えてしまう。これを少しでも解消するために、意図的に作業を作り出すのである。

例えば、作業手順や記録様式の適正化、設備のチェックなどの工数削減方策や生産性向上策を検討することなど、忙しいときには着手できないようなことをするのである。この活動は、売上の増加につながる活動でもあり、また**「仕事がある状態」**と認識することができるため、少しでも不安や焦りを和らげることができると考える。

4.7 適度な人事異動

工場の中には、同じ人が長年作業に従事しているような工程が存在することがよくあるはずである。その工程の生き字引のような人、つまり対象工程のことは知り尽くしていて、その人がいないと工程が回らないということもあるだろう。

しかし、このような人は自分の独自の流儀で作業を行ってしまっていることもあるからやっかいである。外から見ると問題なく作業をしているように見えるが、具体的に何をしているかは本人しかわからない。しかし、検査データや検査方法の詳細まで確認してみると、実はルールを無視していたり、許されていない方法で作業を行っていたりすることがある。実際の品質不正事案でもこのような事案は、いくつも確認されている。

このため、**空気を入れ替えること、適度な人事異動は、品質不正予防という観点においても必要**だ。他業界、例えば金融業界においても「お金に絡む癒着が起こらないように」、すなわち会計不正予防という目的で、数年に一度定期的に人事異動が行われており、効果を発揮している。

ただ、現場のベテラン作業員をその工程から外せば、工程上の重要なノウハウを失うことになる。場合によっては生産が進まなくなることもあるだろう。また、長年その業務に携わっているということは、過去にその工程でどのような問題が発生していて、どのような経緯でその作業方法に着地したのかなどの

背景事情をよく知っているはずである。人事異動を過剰に行って、キャリアのある作業員がいなくなり、経歴の浅い作業員ばかりになれば、苦労して作り上げてきた作業手順を軽んじ、勝手に手順を変えてしまうリスクが高まる。これも実際の事例で確認されている。

このように、現場担当レベルの人事異動を過剰に行えば、むしろ品質不正リスクが高まるおそれもある。それゆえ、あまりにドラスティックな異動ではなく、ノウハウや文化を継承できるレベルでの適度な異動が必要である。

また、これらベテラン作業員を異動させるのが難しいのであれば、マネジメントする側を変化させるという方法もある。マネジャーによって、マネジメントの流儀や、確認する範囲、視点は変わってくるものである。これまでのマネジャーでは発見できなかった違和感に気づくことができるかもしれない。

4.8 適正な成果目標設定

不正のトライアングルにおける「動機」に関連し、従業員一人ひとりの成果目標設定が問題となることもある。営業社員はもちろん、生産現場においても過剰な目標が与えられたことで、「これをなんとしても達成しなくてはいけない」という心情に駆り立てられ、不正に手を染めてしまうというケースもある。

このため成果目標を適正に設定することが求められるが、そもそも適正な目標設定とは何であろうか。売上目標や生産量目標など、数字が妥当であればよいのであろうか。

この点、そもそも成果目標の評価指標が妥当であるかも検討しなければならない。例えば、営業部門において、「売上」という評価指標で目標達成されたか否かを判断する場合を考える。営業部門は「営業活動を進め、自社製品を販売する」というのがミッションであり、その結果が「売上」につながるため、ミッション達成度合いをはかるために「売上」という指標を用いることは妥当であろう。

一方で、保守部門で「売上」を指標にするのはどうだろうか？ 保守を適切に実施することで故障などの問題を起こさなかったことに対して、その費用対効果の増加分を定量的に換算し、これを「売上」とみなして評価をするということであれば、いいかもしれない。しかしこのような指標化というのは相当難しく、実際に「売上」を指標にする場合には、本当に直接的な「売上」を指標

にしてしまうことになると想定される。

しかしこれは、問題のある指標である。**保守部門は、直接の売上には関与せずに、あくまでも製品の故障や異常があった場合に、初めて業務が発生する**ことが原則となる部門である。ここに無理やり「売上」という指標を入れ込むと、「売上」を達成するために無茶な行動を起こしてしまい、結果不正事案に発展してしまう可能性がある。

このように「目標」という視点においても、達成可能な目標値か？　その指標は部門として妥当か？　これにもとづき、不正の「動機」となるような芽はないか？　などについて、十分に検討する必要がある。

4.9　品質不正に対する教育体制

品質不正のもっとも有効な抑止力のひとつは、「品質意識を高めること」である。前述の例でも示したが、どんなに完璧な検査システムを構築したとしても、抜け道を悪用すれば不正になってしまう。品質部門を社長直下にしたとしても、肝心の品質意識が低いままでは、どこに品質部門を置いたとしても、同じ結果になってしまう。

逆に品質意識が日頃から高い役職員であれば、どんな業務でも、どんなシステムを使っていても、どんな体制であっても、品質不正に手を染めるリスクは低いといえる（絶対に手を染めない、とはいえない。人には心の脆弱性があり、置かれた環境に左右される）。

例えば、著名な刀鍛冶の職人が、品質不正をするだろうか？　量産製品ではないため、一概に比較は難しいかもしれないが、刀鍛冶の職人は、自分の作る製品、1つひとつに魂を込めて作っており、その職人としてのプライドから一切の妥協は許さない。つまり、刀の品質に対して不正をしようなどという意識自体が存在しない、品質意識が極限に高い状態であるともいえる。企業においても、全員がこのような意識を持っていれば、品質不正リスクは大きく低下する。

この品質意識を高めるために特に重要となるのは、品質マインドを向上させるための手段としての品質教育である。ただ、一般的な企業における品質教育は、品質管理の考え方や手法を教育するようなものであり、品質意識や品質不正対策に特化した内容の教育は、これまでほとんど行われてこなかった。そし

4.9 品質不正に対する教育体制

て行われているとしても「なぜ」品質不正対策がこれほどまでに必要なのか、十分に伝えている例をあまり耳にしていない。そこで以下に、品質不正対策や品質意識に関する教育を進めていくうえでのポイントを示す。

4.9.1 教育内容について
(1) 過去に起こった品質不正事案を示す

品質不正とはどのようなものか。これをイメージさせる教育としてもっとも適しているのは、過去に起こった世の中の品質不正事案を紹介することである。過去事例を深掘りして、その教訓や対策を示すのである。昨今品質不正事案が社会的問題となって以降、多くの企業で実施されている。

さまざまな業種業態の不正事案に触れることによって、不正事象そのものも、またその背景・原因も多種多様であることを確認できる。

中でも、従業員の心に響く事象を紹介したいと思うのであれば、自社と同業の事例を選定するのがもっとも効果的とされている。自分たちの仕事に似た業種業態であれば、「そういう状況あるな」「自分の仕事と似ているな」などの共感があり、受講者も自分ごととしてとらえやすいというメリットがある。

ただ、「品質方針の周知」の項でも示したが、一度実施しただけではなかなか浸透しない。この場合は、まず同業者の事例、次は少し離れたメーカー系の不正事例、次にはさらに別の建設業種の事例と、話の種を変えて継続的に教育をすることで、興味を失わせず、かつ意識の醸成にもつながる活動となる。

(2) 「自身に何が起こるか？」を示す

世の中の大半の企業は、品質不正事案に巻き込まれた経験のない企業であろう（本当に自社や関係先で起こっていないかどうかは別問題であるが）。このため、品質不正事例の概要を説明されたとしても、「実際に、自身にどのような影響が出るか？」が理解できず、今ひとつピンとこないことも多い。

そこでポイントとなるのが、「実際に不正事案が起こった場合、何が起こるのか？」を伝えることである。**我がこととして何かの不利益が起こってしまうとわかれば、「ああ、やはり不正はやってはいけない、人生がめちゃくちゃになる」と納得できるはずである。**

ただ、社内で品質教育を行う際は、話す側も自社の人間である。品質不正事案を経験していないことが多く、話し手として"リアル"に語れる自信がない

表 4.3　品質不正時の影響

①企業影響	1)　会社の解体、事業譲渡 2)　役員や社長の減給、解任 3)　メディア対応(最悪の場合記者会見も) 4)　会社全体の信頼性低下(風評被害) 5)　売上・利益低下 6)　営業停止処分 7)　JIS などの認証取り消し 8)　訴訟対応(株主代表訴訟、被害者訴訟など) 9)　行政罰、刑事罰 10)　リコール対応
②組織影響 (各部門)	1)　事業の消滅、組織の解体、人員整理 2)　品質不正の実態把握と原因究明、再発防止策の立案 3)　再発防止のための各種取組みによる組織負担増 4)　顧客への報告(叱責) 5)　顧客からの臨時監査対応／改善指導への対応実務 6)　リーダー格の減給、左遷
③個人影響	1)　給与の低下、左遷 2)　会社、組織の解体による解雇 3)　再発防止策検討とその管理による個人負担増 4)　人員調整(自主退社、解雇など影響)で個人負担増 5)　不正対象部門への応援 6)　顧客からの理不尽な叱責や、周囲(社内外関係者や親族、知人)の目による精神的負担 7)　一従業員としてのメディア対応

ことも多いだろう。

　そこで品質不正が発覚した際に、自社、自分が所属する部門、あるいは自分自身にどのような影響があるのかについてまとめる(表 4.3)。事案によって起こることはさまざまであり、下記以外、あるいはより一層深刻なことも起こるだろうが、参考にしてもらえれば幸いである。

　なお、以下解説では、大きく「企業影響」「組織影響」「個人影響」の３つに層別して示している。わかりやすくするために層別はしているが、もちろんそれぞれが連動して発生することが多い。

① 　企業への影響

　1)　会社の解体、事業譲渡

　　品質不正事案が発覚し、さらに実被害が出るなどによって重大な社会問題

に発展した場合、会社自体の存続ができなくなることがある。これはきわめてまれで最悪のケースだが、実際に発生している。

　会社が解体されてしまった場合、当然従業員も全員仕事がなくなってしまうため、自分ごととしても大きな影響がある。一方、事業譲渡の場合、他の大手企業の傘下に入ることになるため、末端の従業員には、あまり大きな変化がない可能性もある。ただし、企業の考え方が根本的に変わる可能性が高く、部門自体が解体されたり、事業転換などを余儀なくされる可能性もある。

2）　役員や社長の減給、解任

　品質不正事案は本業にかかわるコンプライアンス違反であり、本業への信頼を大きく毀損して会社の売上・利益を低下させる。また、内部統制の不備が指摘されることとなる。それゆえ各事業部門が行った行為であっても、会社経営陣が最終的に不正発生の責任を負う。

　品質不正の影響により売上や利益が低下すれば、まずは経営陣の減俸が行われることが多い。また深刻な事案では解任や引責辞任に至るケースも見受けられる。

3）　メディア対応（最悪の場合は記者会見も）

　品質不正事案が発覚した場合には、マスメディアに対してさまざまな広報対応、まずは取材対応や各種情報発信、そして最悪の場合は記者会見を開催する必要も出てくる。記者会見という公表手段については、第5章に示している。そちらを参照いただきたい。

4）　会社全体の信頼性低下（風評被害）

　「不正を働いた会社」であるとのレッテルが貼られるため、企業としての信頼性は地に落ち、これに伴う風評被害を受けることも考えられる。そして、これが要因で売上や利益低下につながることも多い。

　ここで気をつけたいのは、品質不正事案が起こった場合、信頼性が落ちるのは不正が行われた対象製品だけではないということである。**その会社で作られていたすべての製品の信頼性が落ちる**ことを忘れてはならない。

　例えばA社において、ある製品に不正が発覚したとする。それ以外の製品では不正行為は確認されなかったので、自社の中では「問題があったのは○○だけ、それ以外は問題ない」と認識するはずである。ところが、取引先の認識はまったく異なる。「A社の製品は信頼できない」と認識されてしまう。

その結果、不正行為の対象製品以外の受注にも影響してしまう。あくまでも社外の人たちは、「製品」ではなく「企業」という視点で見ていると認識すべきである。

5) 売上・利益低下

前述のとおり、信頼が落ちれば誰も製品を購入しなくなる。また、受注が残ったとしても買い叩かれることとなる。トップラインもボトムラインも低下し、この影響により、人員調整や各人の給与調整なども行われるため、自分ごととして跳ね返ってくる。

6) 営業（業務）停止処分

医薬品などの場合は、法令に違反するような工程管理をしていたことなどを理由として品質不正が問われる事案がある。このようなケースの場合には、営業自体を停止するよう行政から命令・指示・指導されることとなる。

7) JISなどの認証取り消し

JISやULなど、規格違反に関連する品質不正が発覚した場合は、認証が取り消される。

8) 訴訟対応（株主代表訴訟、顧客からの訴訟、被害者からの訴訟など）

品質不正行為によって会社に損害が発生した場合に、取締役に善管注意義務違反や監視義務違反が認められる場合は、株主が会社にかわってその損害を賠償するよう取締役に求めることができる（会社法847条）。

また、顧客が経済上の不利益を被った場合には契約不適合責任等にもとづく損害賠償を求める訴訟を、消費者が健康危害などの実損害を被った場合には製造物責任等にもとづき損害賠償を求める訴訟を提起されるおそれもある。

9) リコール対応

危害の発生やその恐れ、あるいは品質上の重大な問題が確認されれば、リコール措置を講じる必要が出てくる。自動車や医薬品などの完成品メーカーで想起しやすいリスクではあるが、部品や原材料であっても完成品の安全や機能に影響を与えていると認められれば、リコールに巻き込まれる可能性はある（リコールの対外対応は完成品メーカーが実施するが、そこにかかった費用の補填を求められる（求償対応））。

10) 行政罰、刑事罰

例えば排出ガス規制法令違反による環境問題への影響などがあった事例など、業法違反として行政としても看過できないような品質不正事案の場合や、

不正事案が犯罪行為である疑いがあるような場合は、行政罰や刑事罰を受けるリスクも考えなければならない。

② 組織(各部門)への影響

1) 事業の消滅、組織の解体、人員整理

会社そのものは存続するが、品質不正を行っていた対象製品を取り扱っている事業や組織が解体されるということもある。また、事業の解体は行われないまでも、事業規模を縮小せざるを得ない状況になることは多い。この場合は人員整理が行われることもある。

2) 品質不正の実態把握と原因究明

品質不正の疑いがあるとわかった時点から、「不正はどの製品までが対象か？」「いつから実施されていたものか？」「どのような背景で実施されていたか？」「何が原因であったか？」など、実態把握と原因究明を行う必要がある。

生産・検査現場では、ここにかなりの時間を要することになる。以下のような多岐にわたる対応を同時並行で進めなければならないからである。

《実態把握と原因究明》
- 対象工程の過去の検査結果などの工程管理データをすべて見直す。
- 対象工程の歴代の担当者全員にヒアリングを実施する。
- マニュアル内容の確認
- 実際の運用状況の確認

したがって、確認担当部門には相当な負荷がかかることになる。

3) 再発防止のための各種取組みによる組織負担増

「2)品質不正の実態把握と原因究明」で述べた実態把握や原因究明結果に対して、原因の深掘りを行い、真因を特定し、これに対しての再発防止策を講じる必要がある。通常の製品不具合などに対する対策よりも、細かく厳しいものになることが多いため、やはりこれも現場作業者に対して多大な負荷がかかる。

4) 顧客への報告(顧客からの叱責)

品質不正が発覚した場合、当該製品を販売している先の企業に対して、調査結果などを報告する必要がある。主に営業部門が対応することになるだろ

うが、想像以上の厳しい叱責を受けることとなる。中には、罵声を浴びせられる、持っていった製品を投げつけられる、「詐欺師が来た」などと笑われるなど、精神的にもかなり苦しい思いをした実例を多数耳にしたことがある。

5) 顧客からの臨時監査対応／改善指導への対応実務

部品や原材料を取り扱っているメーカーなど、BtoBビジネスである場合には、納品先の取引先から臨時で立ち入り監査を受ける可能性が高い。

平時において、新規工程の立ち上げなどの監査を受けることもあると思うが、品質不正監査はこれと比較して非常に厳しい目で見られることになる。運用ルールや体制など、ことこまかに確認され、現場作業のありようなどを徹底的にチェックされることになる。また監査によって判明した不備に対しては改善指導が入るため、その対応にも苦慮することとなる。

6) リーダー格の減給、左遷

社長や役員に続いて、対象事業の責任者や管理職の減給や左遷、降格などの処分がなされることがある。不正に直接関与した部門や、関与者が存在する部門は、当然ながら管理職の責任も重くなる。

③ 個人への影響

1) 給与の低下、左遷

社長や役員、組織の上長たちは、品質不正発生を未然防止できなかったという管理責任を負う立場である。したがって減給や左遷の対象となるのは当然と言える。

一方で従業員は、大きく2つの観点を理由として、減給や左遷といった不利益を受ける可能性が考えられる。

まず当然ながら、直接的に品質不正に関与していた場合には、法令または社内ルール違反になり、就業規則違反に該当するとして責任を追及され、減給や左遷などの処分対象となり得る。ここまでであれば、品質不正に直接かかわらない従業員には影響はないようにも思える。しかし、実際はそうではない。

すなわち、売上・利益の低下の影響による減給という措置である。実際に不正事案により業績が悪化したことで、賞与の全額カット、あるいは給与の20％カットが断行された事案も確認されている。自身が担当している事業で不正が行われていなかったとしても、安心はできない。

2) 会社、組織の解体による解雇

　会社や組織がなくなってしまえば、そこに働く従業員は職場を失うことになる。配置転換などで難を逃れる人もいるかもしれないが、最悪の場合、解雇となってしまうことも想定される。職を失う、すなわち失業リスクこそ、最大の「自分ごと」であろう。

3) 不正調査による個人負担増（残業増）

　品質不正が発覚した場合、前述したようにかなり詳細な実態調査が必要となる。これを通常業務と並行して実施していかなければならず、現場としては、非常に負荷が高まることになる。

　実際に経験した人に話を聞いたことがあるが、膨大な工程管理データをチェックする必要があるため、毎日深夜まで作業をしても先がまったく見えない状況だった。さらに上長がうつ病を発症し、業務がひっ迫してしまった。精神的負荷は極大化し、当時のことは詳しく覚えていない、記憶が飛んでいる、という証言もあった。

4) 再発防止策検討とその管理による個人負担増

　「組織ごと」でも示したとおり、発生した品質不正行為に対する再発防止策を講じていかなければならない。通常の品質クレームよりも対策を緻密かつ正確に実施していかなければならないため、ここでも負担が大きくなる。検査データ1つをとっても、単に検査結果を残すだけでなく、そのワークフローは適切か、修正はしていないか、など詳細にプロセスについても記録し、記録者自身が記録内容をチェックしなければならない。また、管理職側も細かいチェックが求められるため、各人の作業工数・負担は増大する一方となる。

5) 人員調整（自主退社、解雇など影響）で個人負担増

　前述の内容と関連するが、組織が縮小されれば、人員も整理されていく。担当の人数が少なくなるにもかかわらず、上記で示したような作業の工数は増えてしまう。さらに品質不正対応という非定常作業により工数が増えるため、個人への負荷が益々高まってしまうことになる。

　また、「こんな会社にいるのはもう嫌だ」として、自ら退職を申し出る人が増加する。これにより、さらに人員は減ることとなる。残った人には甚大な影響が出ることが想定される。

6) 不正対象部門への応援

　品質不正に直接対応する部門は、とにかく担当者の負担が増加する。この

ため、場合によっては、まったく別の部門の担当者が緊急で応援に回されることもある。さらには、応援に回されたまま元の部署には戻れず、そのまま応援先の部署に配属となるケースもある。自身が思い描いていたキャリアパスとは大きく外れることもあり、人生設計自体に大きな影響が生じる。

7) 周囲（社内外関係者や親族、知人）の目による精神的負担

品質不正を行ったあの会社、そこで働いているあの人、というレッテルを貼られると、周囲の人からの視線はトゲのあるものに変わってしまう。これまで家族や友人たちが、有名な会社に入って頑張っているあなたを誇らしい気持ちで見守ってくれていたかもしれない。ところが、ある日突然その評価は崩れ落ちるのだ。

特に、食品偽装や医薬品の不正など、直接的に消費者が口にするもの、手にするものの安全に影響を及ぼし、刑事罰にもかかわるような事案の場合には、周りから厳しい目で見られるだろうし、家族も他人から後ろ指を差されるかもしれない。

8) 一従業員としてのメディア対応

社会問題化した事案の場合、カメラクルーや記者が工場の外で待ち構え（メディアスクラムという）、出退勤する従業員に声をかけてインタビューをする光景を見たことがあるだろう。報道が過熱すると、会社の敷地を出たところからしつこく追い回されて嫌な気分になったり、「不正に加担しているのですか？」などの強い質問に恐怖を覚えたりすることになる。会社からは「ノーコメントで何も答えるな」と指示がなされるだろうが、毎日のように報道陣に追い回される精神的負担は想像以上だ。メディア対応は一個人にも降り掛かってくるものと覚悟しなければならない。

(3) 法令・認証規格制度（JIS、UL など）遵守の意識教育と知識教育

品質不正問題は、製品やサービス自体の品質問題であると同時に、法令や業界ルールの違反という性質も帯びる。例えば、自動車や医薬品などの製品においては、製品を生産、検査する際に守るべき法令を遵守していなかったとして、不正事案と評価され得る。また部材関連の製品においても、JIS や UL の認証規格の不遵守が見つかったことで不正があったと評価されたものがある。このため、法令や認証規格制度そのものの知識を担当者に教育することはもちろん、その前提となる意識教育がさらに重要だ。

4.9 品質不正に対する教育体制

　法令・制度遵守の意識教育をするうえでもっとも重要となるのは、これらが**なぜ**定められ、**なぜ**守らなければならないのか、その存在意義を知らしめることである。すなわち、法令や規格基準が制定された趣旨や目的、そして 1 つひとつの条項や規格基準の意味合い・理由を担当者に理解させ、腹落ちさせることである。人は納得しなければルールは守らない。

　余談であるが、江戸時代、会津藩で「什の掟」を軸とした教育がなされていたことは広く知られている。しかし、この掟の締めくくりの言葉「ならぬものはならぬものです」は曲解されているところがある。本来この言葉の意味は、当時の道徳から見て、人の道に外れるような悪いこと(例えば嘘をついたり、弱いものをいじめたりすること)は問答無用で絶対にダメだ、ということを念押しで言っているものである。

　ところが、この言葉だけがひとり歩きし、偉い人や親が定めたルールはルールだ、その理由がわからなくてもとにかく守ることが大切だ、と会社や家庭で悪用されていることがある。このような管理職や親は問題があると言える。

　繰り返しにはなるが、法令や認証規格制度の意義を理解し、ルールの理由が腹落ちしなければ、人間は守ろうとは思わない。ここを飛ばして、法令や制度の規定そのものの知識を淡々と教育しても、記憶にさえ残らないであろう。逆に趣旨・理由さえ頭の片隅に残っていれば、具体的なルールを忘れていても、ルールの本質から考えて「これはよくないかもしれない」「やめておこう」という発想を導くことができる。

　また、法令・制度の趣旨と理由をしっかり伝えることと同時に、それを守らなかった場合に自社や自分自身にどのような影響があるのか、あるいは顧客や消費者にどう影響するのか、**ルール違反を犯した場合のリスク(悲劇)を、経営陣や品質保証部、あるいは日常的に管理職から、一人ひとりの従業員に語り掛けておくことが望ましい**。

　ルールの趣旨・理由という、いわば「正面突破」の意識教育だけでなく、違反した場合のおそろしさを体感させるという「裏門」からの意識教育も効果的である。これは品質不正問題にかかわらず、ハラスメントや会計不正など、さまざまな種類の不正行為でも同様の効果がある。このような意識に対する教育を行いつつ、法令や認証制度自体の知識を向上させなければならない。

　知識そのものの教育も品質不正防止には欠かすことができないと教えてくれる事例がある。

第4章　品質不正を予防するために

　某産業用機器のメーカーにおいて、UL認証を取得している製品があった。あるとき、認証取得のための試験を実施する部署に配属された新任者が、UL認証制度の詳細を学んだところ、自社の試験方法とギャップがあり「自社の方法が不適切なのではないか？」という疑念を抱いた。これを上長に相談したが、上長も制度の詳細は把握しておらず、問題として取り上げてくれなかった。納得いかなかった新任者は、その後さらに上層部や本社部門に相談し、結果として検査不正があることが判明した。

　認証制度というのは複雑である。初めて認証を取得したときの苦労を知る担当者でないと、制度や基準設定の詳細を十分把握できていないこともある。上記の事例でも上長は細かいことは把握しておらず「昔からこのやり方だから大丈夫」という認識であった。これでは不適切行為かどうかさえ判別できない。

　法令や各種制度がなぜ存在しており、それを守らなければどのような負の影響があるのかを伝える意識教育と、各ルールの詳細について伝える知識教育の２つの教育がある。意識教育と知識教育の両輪が機能することにより、「多分大丈夫だろう」という正当化の心理を抑制でき、また不適切行為を早期に発見することができるのである。

(4)　検査員への検査に関する意識教育と知識教育

　工場内で実際に検査に従事する担当者は、現地採用されたスタッフ職であることが多い。製品そのものの技術的知識、あるいは法令や認証制度に関する知識を持っていないことがほとんどだ。検査方法に関する研修を受け、検査員認定されているが、その検査自体の意味合いや技術的な背景まで教育されていることは少ないかもしれない。

　もちろんエンジニアではないため、製品の詳細技術まで把握する必要はない。しかしそれでも、検査の意図や、技術的背景、仮に検査NGだった場合何が起こるのかという負の影響について、最低限のことは伝えておいたほうがよい。実際に現場検査員の方にヒアリングをすることがあるが、「検査の意味もわからずやっている（方法だけ教えられている）」「その数値がどういう意味なのか聞いていない」「本当にこのやり方でいいのかわからない」などの声を聞くことがある。

　つまり**検査員の方々は「不安」な状況のまま作業をしている**ということになる。自身の作業の意味がわからないまま検査を行うこととなると、検査手順を

4.9 品質不正に対する教育体制

守ろうとする意識も持ちづらく、納期などのプレッシャーに負けて多少ルールを逸脱してもよいだろうという発想になりかねない。

このため、なぜそのような検査が必要なのか、閾値が定められた背景は何かなど、ルール遵守の意識を持ち得るための**最低限の"Know Why（理由を知らせる）"教育**が必要だ。そのうえで検査の技法等の知識教育を行うことによって、易きに流されることなく、一方で効率的な検査工程を実現することができる。

4.9.2 教育方法について

平時の現場作業者などへの教育方法としてよく見かけるのが、「読んでおいてください」と紙の資料を回して、その確認結果（押印）を記録として残し、終了するというパターンである。しかしこの場合、流し読みをされたり、あるいは多くの場合判子だけ押してまったく読まれないまま次の人に回されたりすることもある。これでは教育したとは言えない。

どうすればメンバーに興味を持ってもらえるのか。どうすれば理解をしてもらえるのか。相手に伝わる教育方法を検討していかなければならない。

筆者のこれまでの経験を踏まえ、以下にいくつかの教育方法を示す。いずれにもメリットとデメリットがある。そしてもちろん、すべての組織において同じ結果が出るとは限らない。読者の職場を思い起こしながら、どのような方法なら関係者に"刺さる"のか検討していただきたい。

(1) e-learningなどのデジタル教育ツールを使う

まずは、定番ともいえるe-learningなどのデジタル教育ツールをあげる。隙間時間に少しずつ受講することができるため、有効な教育方法としてさまざまなテーマの教育に活用され続けている。

また、単元の最後に確認テストに答えてもらうことは常道であるが、e-learning中にクイズを盛り込んでいけば、受講者は1つひとつ考えながら回答していかなければならないため、項目を飛ばしたり流し見したりするリスクを防ぐことができる。

(2) 簡単な動画などを作成し情報を共有する

e-learningなどのデジタル教育ツールを使うことは有用ではあるが、工場の現場作業者などは個別のPCを持っていないことも多い。定番のe-learningシ

第4章　品質不正を予防するために

ステムは業務用 PC などの端末での受講を前提としたシステムとなっているため、彼らの受講は困難になってしまう。

このような場合にお勧めなのは、さまざまなデバイスで再生できる動画を作成しておき、さまざまな時間に、さまざまな場所で閲覧できるようにしておくという方法である。

ポイントとなるのは「時間を短くすること」である。長時間動画は、作成にも時間がかかるうえ、現場作業の生産計画にも影響が出てしまうし、長すぎて飽きてしまうなどのデメリットがある。そこで、5分程度の短時間での動画、しかも難しくない動画を作成し、現場に展開することをお勧めする。

朝会などみんなが集まるミーティングの場で、上長の PC をテレビなどにつないで、**みんなで動画鑑賞をする**、というのはどうだろうか？　これであれば、全員分の PC も不要であり、生産計画には悪影響はない。短時間のみ映像と音声でみんなと一緒に聞くことになるため、集中力が途切れるリスクも低くなる。また作成する品質部門の負担もそれほどかからない。

ほんの数年前までは動画作成そのものが一苦労であった。ビデオカメラやマイクなどの機材を準備し、場所を確保して撮影し、これを PC に移行して編集し、DVD に焼いて配布する。思い出しただけでも面倒だ。

しかし最近は多くの会社でウェブ会議システムが導入されており、この機能を使えば至って簡単に動画撮影ができる。ヘッドセットがあれば音声もクリアに録ることができる。1人でミーティングを開始して録画ボタンを押し、作った教育資料を共有画面で映しながら話をすれば、5分程度の動画はあっという間に完成する。

実はこれにはもう1つのメリットがある。それは、**動画を作った品質部門担当者の顔がわかる**という点である。現場との接点が少ないことが悩みだ、という品質部門の方も多いだろう。逆に現場作業員側でも、「品管って何をしているの？」「そもそも誰がいるのかもよく知らない」という認識になってしまう。そんな状況の中で、品質教育資料を紙で展開しても、顔の見えない人が作った資料を真剣に読もうとはしない。

その点、動画を作成した場合は、作成者の顔もわかるし、声も聞こえる。現場作業員側でも、「品質部門が何かしようとしているんだな」という認識くらいは持てるはずだ。そしてこれを長期的に続けていけば、「品質部門が言っていることだし、少しは聞いておこう」というように、品質意識を少しずつ高め

ていくことにつながる。

　また、品質部門と製造部門など、部門間での横の連携、個人的コミュニケーションにも好影響があるかもしれない。

　世間でも新聞の購読数が激減する一方、YouTubeなど、素人が作成した動画の閲覧時間が圧倒的に増えている。素人が作った動画であっても、映像と音声のパワーはテキスト情報を凌駕する。高尚な文献や小さな字の資料を読ませるよりも"伝わる"のである。

　短時間で作成でき、文字だけではなく映像と音声でポイントを伝えられ、さらに品質部門の顔も知れて、意識醸成もできるというおすすめの教育方法だ。教育に迷ったときには是非参考にしていただきたい。

(3)　階層別教育の計画

　階層別の教育は、各社においてさまざまなリスクテーマを対象に実施されている。職位によって持っておくべき意識・知識、そして必要なアクションが異なるからである。これは品質不正教育にもあてはまる。

　これまで述べてきたように、品質不正を予防するためには、製品品質と工程品質の両方が重要であること、これら品質を担保するためにはルールを守る必要があること、すなわち品質及びルール遵守の意識を向上させることが大切だ。このとき、例えば現場で実際に作業している担当者と、それを管理する上長とでは、意識させるポイントが変わってくる。これについては、不正のトライアングルの構図で考えるとわかりやすい。

　現場で実際に検査を行っている担当者に対しては、「これくらい検査結果を修正しても問題ないよね」「他の人もデータを修正しているから大丈夫だろう」のような、不正のトライアングルでいう「正当化」に関する部分の意識を変えていく教育が有効となる。

　他方、上長やそれ以上の管理職に対しては、個々人の「正当化」心理抑止の教育だけでなく、「機会」の要素を抑制するための教育、すなわち環境作りを進めていくことを意識づける教育も必要となる。「検査方法をチェックするような体制がなかった」「検査システムが修正し放題であった」というような不正の原因となり得る問題を解消するためである。環境整備をすることによって、自部門メンバーの悪しき行動を抑制することができる。

　しかし、これを管理職ではなく、例えば現場担当者に話しても、チェック体

制を構築するのは自分の仕事ではないため、「それを聞いて何をするのか」「自分には関係ないな」と思ってしまう。

このように、品質及びルール遵守に対する意識教育といっても、職位によって伝えるべき内容は違ってくる。担当者・現場作業員向けには、「正当化」心理を直接抑制するための意識教育、管理職向けには、これに加えて「機会」を抑制する取組推進を意識づける教育。このような基本コンセプトを踏まえ、自社にフィットした具体的教育計画に落とし込んでいただきたい。

(4) 外部専門家によるセミナーを実施する

品質不正に精通している弁護士やコンサルタントを講師として迎え、彼らから品質不正防止のための教育を行ってもらうという方法もある。第三者が「黒船」として話す、というだけで説得力が増し、聞いている側の腹落ちの加減も変わってくる。

筆者も個別企業に出向いて品質不正講演を実施することが多い。品質不正に関するさまざまな実例や、現場の人でも共感できるような「品質意識あるある」などをコンテンツとして話すことで、「現場目線の話で自分ごととして聞けた」「品質不正とはどういうことか、それが起こる理由についても具体的に理解できた」などの声をもらうことが多い。コストとの兼ね合いもあるが、外部専門家に任せるという選択肢も効果的な場合が多々あるということは、覚えておいてもらいたい。

(5) 継続的な教育を行う

4.1.2項「品質方針の周知」でも継続的取組みについて示したが、教育も同じである。1度話した程度では、従業員の記憶もすぐに薄れてしまう。日頃から品質不正のニュースに興味を持っていて、自分でも調べているという人であれば別だろうが、そのような従業員ばかりではない。

このため、年度計画に落とし込んで定期的な教育を行う、ルーチンとして隔週で情報を発信するなど、方法はさまざまであるが、継続的に実施することがポイントである。

これまで示した教育方法を定期的に、手を変え、品を変え継続することで、従業員の記憶にも少しずつ刷り込むことができる。

4.10 品質関連部門への意識改革

　品質不正事案の中には、品質保証部や品質管理部など、品質に関連する部門が関与していた事例がいくつも確認されている。中には、品質保証部が主導しているという事例もあった。品質部門は本来、製品・サービスの品質を管理、保証する最後の砦の役割を負う部門である。この部門が率先して不正を働くというのは言語道断ではあるが、彼らも人であり、心の脆弱性を持っている。さまざまな環境要因が不正の「動機」を後押しし、「機会」と「正当化」要素が充足されれば不正に手を染めてしまうのである。品質部門が役割を放棄し、不正に手を染めてしまうと、もはや企業としての歯止めは効かない。灯台下暗しである。

　そのため、品質部門メンバーに対しても、品質及びルール遵守のあるべき意識、そして自分たちの役割の重要性について、意識改革を行うことが重要である。

　具体的には、品質部門の目的と役割をメンバーの心に浸透させることである。平時には、全社の品質意識とルール遵守意識向上の旗振り役として、**品質部門は全社の模範となる存在である**ことを深く理解させる必要がある。そして万が一品質不正事案が発生したならば、消費者、取引先、行政にも直接相対しつつ対策本部の事務局として会社の意思決定にも関与せねばならないこと、人生を左右する大ごとになることを刷り込んでおくべきである。そうならないためにも、何としても平時の予防策を徹底させることが重要であり、自身の役割が何よりも大切なのだ、という流れで、理解・得心を促す必要がある。

　本来であれば品質教育は、品質部門が主導で行うことが多い。企業によっては、品質企画を行う専属のグループがあり、この部門が実行することもある。自分ごととして落とし込んでいくためにも、品質関連部門へのマインドセットについても品質部門自身にて企画、運用を進めることが望ましい。

　しかし、品質部門自体の品質意識やルール遵守意識が低いと、このような企画自体が行われない可能性がある。このような場合、ポイントとなるのは品質部門の上層部や役員クラスまたは企業のトップ自らが、品質教育への取組みを推進させることである。これによって、企業として品質マインドを醸成させようという姿勢を見せることにもつながり、品質部門の品質意識の向上にもつながる。

第4章　品質不正を予防するために

4.11　コミュニケーション

　実際の品質不正事例においても、従業員間でのコミュニケーションがうまくとれなかったことが原因で、不正に手を染めてしまった、発見が遅れた、という事例が確認されている。

　コミュニケーションの問題は、上長と担当者など上下のコミュニケーション、部門の中での横のコミュニケーション、部門間でのコミュニケーションの、主に3つに類別される。以下、それぞれのケースにおける問題点と対策にして解説する。

4.11.1　相談しやすい上下関係

　品質不正そのものの原因、あるいは長年にわたって発覚しなかった原因として、上下関係が円満でないことに起因した情報伝達の停滞があげられる。意図的に不都合な情報を隠すこともあるだろうが、往々にして、ネガティブな情報を上げると嫌な顔をされるので報告しなかった、いつも何かと面倒くさい人だから相談したくなかったなど、日頃からの上司への不信・不満足が「言わない」という不作為を生んでいることが多い。

　この上下関係の問題は、ハラスメントや離職問題など、さまざまなハレーションを生む問題であるが、品質不正にも発展する非常にやっかいな問題である。以下、品質不正防止にかかわる上下のコミュニケーションのポイントについて示す。

（1）　褒める

　平時に、管理職であるあなたはどんな顔をして、どんな声色で、部下と向き合っているだろうか。

　例えば現場作業者が何か失敗してしまい、それを上長に報告してきてくれたケースを考えてみよう。彼は先週も同じ失敗をした。あなたはどのような反応をするだろうか。叱責をするだろうか。

　もちろん、今後さらなる失敗をさせないために、ときには「叱る」ことも重要だ。しかし、「なんで同じ失敗ばかりするんだ！」「そんなこともわからないのか！」「会社に甚大な損失が出ることがわからないのか?!」と**罵詈雑言を浴びせるのは、管理職として叱る行為ではない**。それは単に、あなたの感情を吐

90

き出しているだけだ。管理職としての叱る行為とは、部下に気づきを与えるものだ。

　罵詈雑言までいかなくても、機嫌が悪くなったり、明らかに面倒くさそうな顔をしたりすれば、部下は間違いなく委縮してしまう。そうなると、今後報告すること自体をためらってしまうだろう。報告したかったことが不正の端緒につながる行為であれば悲劇だ。こうなると管理職が知らないところで不適切行為は常習化され、品質不正と評価される事態となり、長い間闇に潜ってしまうことになる。

　むしろ逆の対応が必要である。逆とは何かというと、「褒める」ことである。失敗をしているのに褒めるというのはどういうことか。ポイントとなるのは、「何を褒めるか？」である。

　このケースの場合、**褒めるべきポイントは「報告してくれたこと自体」**である。社会人になったばかりの頃に、「悪いことほど報告すべし」とまず言われるものだ。そう言われたから報告したのに、怒られたのでは誰も報告しなくなる。「**まずは報告してくれてありがとう**」「早く報告してくれたことで、対応も早めることができる。報告してくれて良かった」という感謝の言葉が必要だ。マネジメント教育など口を酸っぱくして言われていることだが、実際にそれが行動に移せているだろうか。改めて自問してみてほしい。

(2)　管理職自身や管理体制の問題を顧みる

　さらに言えば、失敗したことについて担当者のみを咎めるというのも適切ではない場合が非常に多い。確かに作業に失敗したのは作業員かもしれない。しかし、それを管理していたのは上長である。「作業チェックの仕組みが良くなかった」「教育が不十分だった」「手順化がされていなかった」など、作業員だけの問題ではないはずである。メーカーでの在籍経験があれば、「なぜなぜ分析」という手法は聞いたことがあるだろう。問題の原因を二段、三段と深掘りし、真因を究明したうえで対策を検討するという手法である。部下の失敗も「なぜなぜ分析」をすれば、必ずと言っていいほど管理面の課題が出てくるはずである。

　失敗してしまったこと自体は事実なので、作業員は作業員で同じ失敗を繰り返さないようにしなければならないが、管理体制、あるいは**管理職自身の問題点も含めて、「一緒に改善していく」という姿勢**を見せることが重要である。

(3) 傾聴

　傾聴は、「(1)褒める」と似ているが、「上長に相談をしてもまったく聞いてくれない」ので相談をやめてしまった、自分でなんとかしようと思って数値をごまかした、それが何度も続いて常習化した、というパターンが非常に多く存在する。怒ることで部下から忌避されるのではなく「頼りにならない」「言っても仕方ない」と思われて相談をしてこなくなる、というケースだ。

　例えば、検査結果が普段とは異なり、違和感があったため、検査員から上長に相談したときに「そんなこといちいち聞かなくていいよ」「自分で考えてくれよ」のように面倒くさがるパターンと、「わからないな」「検討してみるかなぁ……」としてそのまま問題を放置する無責任パターンが存在する。いずれの対応であったとしても、これが何回も続くようであれば、次に相談が来ることはないだろう。

　ここで重要になるのは、傾聴の姿勢である。傾聴は、相手に心から興味を持ち、話の内容だけでなく、話し方、身振り手振り、表情も含めて相手の考えや心持ちを理解しようとする技法である。また、これを通して聞き手自身の課題（特に心の安定性）にも気づくことができ、ポジティブなアクションを起こす糧にできるとも言われている。

　傾聴はリーダーシップやコーチング研修などで最初に学ぶ基礎中の基礎であるが、相手がある話である。相手の特徴、あるいは信頼関係の成熟度合いによっても適したアプローチが変わってくる。また、傾聴を行うには、心構えとエネルギーが必要であり、自分自身の体調や心情にも影響される。それゆえあまりに奥深く、常に実践できていると胸を張れる管理職はまれであろう。

　とはいえ、是非意識しておきたいポイントは２つだ。**まずは相手の話したいことを「受け入れる（受容）」**ことだ。「こいつはいつも自分を正当化する、承認欲求が強すぎる」「話があっちこっち飛んで論理性がない、だから真面目に聞いても仕方がない」という意識を持ちながら話を聞けば、相手はすぐにその様子を察する。まずはありのままに、相手が話したいこと、その想いも含めて受け止める（心情も含めて理解する）ことで、本当に自分の話を聞いてくれる、という信頼関係を構築するのである。

　そのうえで、相手の話と心情に共感すること。相手の立場に立ったならば確かにそう思うだろうと、立場を入れ替えて考えることだ。年長者で経験豊富な自分、高学歴で総合職の自分からするとちょっとよくわからないな、という態

度はすぐに見破られる。逆に深く考えもせず「うんうん、わかるよ」という軽薄な態度も共感ではない。相手のことをおもんぱかって、相手の立場になってその話と心情を理解しようとする不断の努力が共感なのである。

　このような心構えで、毎日部下の話を聞けているだろうか。中間管理職は会社でももっとも忙しい立場だ。日々の庶務対応やトラブル対応に追われ、じっくり部下と話す余裕もない。こまごまとした検査運用や製造工程上のちょっとしたトラブルについては、担当者自身で考え、判断してほしい状況もあるはずだ。

　ただこのときに、突き放すように「自分で考えろ」では、質問した側としても悲観的な感情になってしまう。自分の相談は、聞く価値もないものなのだと。

　このような場合であっても、まず「その気づきは確かにあるね」「報告してくれてありがとう」「具体的にどういう状況なの？」「自分としてはどうしたいと思っている？」など、相手の話に興味を持って受け入れ、悩みに対して共感すること、時間をかけなくても相手に寄り添った傾聴の姿勢で対応することはできるはずだ。答えを与えるのではなく、担当者自身の課題意識を整理し、気づきを与えることさえできれば、どのような結論がよいのか自ら能動的に考えようとするはずだ。自ら考えて実行した行動で、よい結果が出れば自信になり、業務へのモチベーションが生まれる。そして何より、気づきを与えてくれた、自信を与えてくれた上長に対して深い信頼感を持ってくれるようになる。

　「聞いてよかった」「また何かあったら相談しよう」という気持ちになってくれれば、隠し事をしようだとか、面倒だから報告はやめておこう、などというネガティブな関係に陥ることはない。安心して相談できる場の提供ができているか、そのための傾聴の姿勢を忙しくても意識し続けているか、管理職には今一度振り返ってほしい。

(4)　多忙な中でのコミュニケーション方法の検討

　傾聴の大切さを語る際に、管理職の多忙がネックであることにも言及した。「上長が忙しすぎる」問題である。管理職側が傾聴できなくなるだけでなく、部下としても「上長が忙しすぎて話しかけられない（時間を取らせるのが悪いという忖度）」「そもそも座席におらず、物理的に話しかけられない」という理由により相談ができず、自ら無理に解決しようとしてルールを破ってしまう実例が確認されている。

管理職の忙しさが極限にまで達すると、もはや個人の努力でコミュニケーション不全を改善することは不可能になる。業務配分の見直しをすることが先決だ。ただし中間管理職自身で解決しようとしても、その業務自体を減らすことは物理的に難しい。このような場合は、上級管理職や役員へ相談し、業務配分を見直してもらったり、人員の補強をしたり、DX推進による業務工数の削減をしたりという、組織全体での改善が必要となってくる。

　一方で、コミュニケーションを取りやすいツールを準備しておくという方法もある。業務用のチャットツールや、WEB会議システムのチャット機能を活用し、そこにグループのチャットスペースを設け、何か相談がある場合は、直接打ち込むようなルールとしておいてはどうだろうか。もちろん個別チャットをすることも可能だ。コロナ禍以降、多くの企業で導入している手法である。

　業務多忙が過度になれば、チャット自体を見る時間さえ限られてしまうため、根本対策はあくまで業務工数の削減である。しかし、チャットであればメールよりも気軽に投稿できるし、レスポンス良く回答できる。誰から、いつ相談が来たのかも確認しやすいし、グループチャットなら見落としても誰かがフォローしてくれる。このようなデジタルツールを活用することで、少しでもコミュニケーションを取りやすい環境を作っていただきたい。

(5)　平時からの声掛け

　普段から品質意識、ルール遵守意識を高めるような声掛けをすること、そしてこれを継続して行うことも重要である。品質意識・遵法意識を醸成するには時間がかかる。日々の声掛けにより、メンバーの意識に刷り込んでいく地道な作業が欠かせない。

　よく「何か問題があれば、向こうから話しかけてくるだろう」という認識でマネジメントをしている管理職を見かける。忙しければなおさらそのように思い込もうとするものだ。しかし、メンバーから困りごとの相談もなく、一見順調に業務が進んでいるように見えるときほど、トラブルの種は成長しているものだ。気まぐれに「最近何か問題はない？」と部下や作業者に話しかけてみると、「実は……」といったように悩みや相談事項が噴出してきた経験はないだろうか。すぐに出てこなかったとしても、「○○についてはどう？」のようにテーマを明確化すると、「あ、そういえば……」のように話が出てくることもある。

心の中で「困ったな、話を聞いてもらいたいな」と思っていることがあっても、「些細なことだから」「相談するのは面倒だ」と考えて、結局心の中にとどめてしまうものである。「検査結果におかしいところはない？」「何か業務でやりにくいところはない？」「相談があればいつでも言ってほしい」など、上長の方から積極的に話を聞きに行くことで、上下のコミュニケーションが活性化していく。これにより品質不正の芽に早く気づき、少しずつ摘んでいくことにつながるのだ。

それでも時間がなかなかとれないという場合は、短時間での定例的なミーティング設定をするという方法もある。お互いに多忙な状況が想定されるため、5分や10分などの極めて短時間でも良いので、強制的に話をできる場を設定するのである。強制と言っても、部下が心理的にネガティブな会になってしまっては本末転倒であるため、あくまでも近況報告ができるようなフランクな場として認識させることがポイントとなる。

4.11.2　部門間での風通し

各部門の業務が多忙であるがゆえに、あるいは過去に起こった部門同士のトラブルを引きずってしまい、部門間での風通しが悪いという状況を経験された読者は多いのではないだろうか。部門間での風通しの悪さは企業全体の活性化を阻害するが、品質不正行為の発生にも影響を与える。

第3章の想定ケース No.5「樹脂成型メーカーによる開発不正ケース」でも示したが、営業部門と技術部門の折り合いが悪いため、受注してきた製品の無理な仕様を折衝するよう営業部門に依頼さえせず、技術部門主導で不正に手を染めてしまった事案も確認されている。自社の受注ルールに従っていれば起こり得ない問題のようにも見える。しかし、部門間の仲が芳しくないと、イレギュラーな事態が生じた場合の情報共有や相談さえなされず、自部門だけで完結しようとして不適切行為に手を染めることもある。このような事態を避けるため、以下に部門間コミュニケーションを改善する対策例を示す。

(1)　コミュニケーション密度を上げる

まずは部門間コミュニケーションの実態把握を行い、物理的な接点を増やす工夫が必要だ。各部門のさまざまな職位の社員に対し、「他部門に仲間と言える社員がどれくらいいるか」「定期的に交流したり議論したりする場があるか」

第4章　品質不正を予防するために

をヒアリングなどで確認する。その実態を踏まえて、全社員が日常的に交流できる休憩スペース／ディスカッションルームを開設することや、部門横断の業務改革プロジェクトを発足させるなど、部門間コミュニケーションが活性化する環境を作る。

あるいは教育の名目で、新人時代から複数部門を異動する（ジョブローテーション）というのも、長期的にはよい影響を与えるであろう。数週間から数カ月単位で各部門の仕事を経験することで、業務内容の把握とともに、各部門に知り合いができる。知り合いがいるというだけで、コミュニケーションが円滑になるというのは、読者にも経験があるのではないだろうか？

また新人だけではなく、中堅・ベテラン社員であっても、他部門会議や合同会議に参画するだけで、顔見知りになることができる。顔見知りができれば、おのずと相談しやすい環境ができる。このような取組みを定着化させることで、全社的なコミュニケーションが活性化される。

(2) 物理的な距離を近づける

部門の執務室の配置を変えるという方策もある。物理的な距離が部門間コミュニケーションの障壁になっているケースもあるからだ。コミュニケーションが不十分な部門同士を隣接させ、普段から顔が見えるような環境とする。こうなれば、おのずと顔を合わせることとなるため、会話のきっかけになるかもしれない。

また、垣根のないコミュニケーションを実現するために座席を完全フリーアドレスとする企業も増えてきている。主な目的はイノベーションのためとされているが、品質不正対策の一助にもなる。

(3) 悪口は言わない

当たり前の話であるが、実はやってしまいがちである。部門間の仲が悪ければ相手の悪口がつい出てしまう。「仕事が遅い」「仕事してないのではないか」「いつもアウトプットの内容が良くない」など、相手の悪い面ばかり見てしまう。個人的な人間関係と同じである。言葉は言霊だ。相手への嫌悪感を言語化することで、相手に対するレッテルを貼り、さらに嫌いになってしまう。このような発言を意図的に抑えるだけで、憎しみの増幅を低減できる。

ここでポイントとなるのは、部門長や管理職の言動である。管理職同士は部

門の利害を代表して折衝する窓口となるが、落着しづらい問題が発生し、嫌悪感を引きずることも多々起こる。同時に、彼ら・彼女らは出世を競うライバルでもある。日々の業務上の摩擦から、あるいはライバル視しあう関係から、管理職同士の仲が悪いというパターンは多い。そして、管理職が部下に他部門の悪口を言い続けると、何も思っていなかった部下も「〇〇部はちょっとおかしい、変なやつらしかいない」と、一種の洗脳状態となり、部門間の仲が冷え切ってしまう。そこまで思わなくとも、上長同士がいがみ合っていると、「〇〇部にはあまりかかわらないでおこう……」という意識となり、結果として部門間の関係性が悪くなってしまうこともある。

　悪口を意図的に抑えるというのは管理職自身が心すべき話だ。部下への注意も必要だが、部下の悪口はあなたの言動に起因しているかもしれない。部下に心を許しているがゆえに、ついつい第三者の、他部門の悪口を言ってしまいがちだが、その場合は我慢も必要だ。管理職の率先垂範が求められる。

(4) 3つの意識づけの継続

　以上のように「(1)コミュニケーション密度を上げる」「(2) 物理的な距離を近づける」「(3) 悪口は言わない」という3つの意識付け、対策が効果を発揮すれば、少しずつ部門間での壁がなくなり、何かあれば相談できる関係性が芽生える。それによって部門の中だけで無理をして事を進める機会が減り、おかしいと思ったことも指摘しあえるようになり、品質不正リスクの低減につながる。

　難しいのはこれを継続することであるが、一度でも取組みを始めればメンバーの意識は確実に変わる。特に、管理職自身が「ネガティブを口にしない」と意識することは今すぐできるし、周囲への効果を発揮することを筆者も体感している。まずはあなたができることから着手していただきたい。

4.11.3　部門内の風通し

　「部門間でのコミュニケーション」の問題は、品質不正に限らず、さまざまなトラブルの種になる。このため、部門間での風通しを改善すべし、対策が必要だ、という意識はビジネスパーソンが共通して認識していることだ。

　しかし、品質不正ではもう1つ、「部門内でのコミュニケーション」が原因になっている場合もある。

第4章　品質不正を予防するために

　「部門内のコミュニケーション」問題をひとことで言うと、「隣で仕事をしている人が何をやっているかわからない」という状態である。
　同じ作業者、あるいは連続している工程の作業者であるにもかかわらず、互いの作業について話すこともなく、関心も持たず、黙々と自分の作業に打ち込む。それゆえ皆それぞれ勝手な解釈で作業を進める。その結果、ある作業者がルールを逸脱しても他者は逸脱に気づけず、逸脱が定着し、常習化した不正行為となってしまう。実際にこのような事案が存在する。
　もちろん各作業者は互いに真横で働いているわけではなく、ある程度物理的距離はあるだろう。とはいえ、毎日近くで働いている仲間たちの状況にすら興味を持てないというのはなぜだろうか。この背景として特に多い要因が「多忙」である。忙しすぎることで、周りの状況すら確認する余裕がなくなる。これが長年続くことで、徐々に無干渉が定着し、作業手順の解釈やルールを守ろうとする意識にも差が生まれていくという流れである。
　このような状況を打破するために、部門内で意思疎通を図るための場や環境の整備が求められる。例えば、部門内の共通の課題について協議し、標準化などの改善活動を行う場を設定することや、フリースペースを設けて業務の相談がいつでもできる環境を整備するのも良い。
　また誰でも気軽に話ができるような雰囲気作りも欠かせない。上長が率先して現場の作業者に話しかけつつ、その会話に他の作業者も巻き込み、作業者同士が会話しやすい空気感を作るのだ。これが習慣化していけば、作業者間で自発的に声掛けや相談ができるようになり、コミュニケーションエラーの問題も解消が進む。
　たまに耳にするのが「**雑談の阻害**」である。検査員スタッフ同士が雑談しているところに上長が来て、「業務時間だぞ。雑談なんてしてないで仕事しろ」というようなケースである。確かに20分も30分も、業務時間中に仕事とは関係ない話を続けているのであれば、注意されても仕方ないと言える。しかしよくよく聞いてみると、雑談のように聞こえて、実は「検査トラブルあるある」のような話をしており、結果として作業方法の共有、改善につながっていることもある。にもかかわらず、頭ごなしに叱られてしまっては、「もうここで話をするのはやめよう……」という気持ちになり、部門内の雰囲気も悪くなる。その結果、誰も言葉を出さないコミュニケーションのとれない部門が完成してしまう。管理職はここでもワンテンポ呼吸を置いて状況をよく観察し、感情を

コントロールして寛容となること、作業者の立場と思いに共感しながら適切な言動をとることが重要となってくる。

　業務多忙が背景にあるのだから、会話を生み出す余裕も、寛容さの発揮も難しい、というご意見もあるだろう。しかし、組織の力を最大限引き出し、不正行為の芽を摘むためには、もっとも身近にいる仲間同士の信頼構築が必須なのだ。まずは管理職が話しかけ、会話の花が咲く職場を。それだけで部門内の雰囲気は一変する。少しずつの歩みを大切にしていただきたい。

4.12　品質意識の実態把握という手法

　品質不正事例の多発によって、メーカー各社、特に大手メーカーでは品質不正の有無の実態について調査を行ったと聞いている。このときに実施された調査は、直接的な内容、例えば検査システムの健全性や検査方法の運用実態、試験データや検査データの確認などがほとんどであった。ただしこれはあくまで表層的な不適切行為の結果であり、行為そのものの原因を掘り下げようとする調査ではない。

　すでにご理解いただいたように、企業で起こっている品質不正の原因の本質は、各従業員の品質・ルール遵守意識の低下である。すなわち、不正のトライアングルのうち、納期に間に合わないから多少数字をいじってもという「動機」、多少数字をいじっても些細なルール違反であり品質に影響なく大丈夫だろうという「正当化」。これら心理、意識の要因が、不正に手を染めさせる原動力となる。また、これらの意識を助長する環境要素もポイントである。

　したがって本質的に**品質不正事案を根絶、予防するためには、このような意識と環境に対してのアプローチがカギとなる**。それゆえ、現状の企業内の従業員の品質意識・ルール遵守意識がどの程度の位置にあるか、それを助長する環境はどうかを、しっかり把握しておかなければならない。

　例えば、品質・ルール遵守意識向上の対策として「品質教育」を実施するという方法がある。ただし、やみくもに教育を実施しても効果が出ないこともある。

　ある企業では、品質意識向上のための教育を何回か実施したが、現場の歩留まりの悪さやルール軽視の状況は一瞬わずかに改善しただけで、すぐに元どおりになった。担当者にヒアリングしてみると、実は品質・ルール遵守意識が低

第4章　品質不正を予防するために

いのは、過剰な生産量が問題であり、現場が疲弊しきっているのが原因であるということがわかった。この場合、いくら品質教育をして「正当化」要因を潰そうとしても、環境面が過酷すぎて、品質に意識を回す余裕がなく、なんとかしなければという「動機」要素が大きいまま残ってしまう。そうすると現実と理想の間にギャップが生じ、このギャップを埋めるために結局「正当化」要素も復活してしまうのである。本当は別の部分の対策、つまり「動機」の根本を断つための生産量調整やリソースの補強が必要だったのである。

このように、今の自社の実態のどこに本質的な問題があるかがわからなければ、その対策が空振りになってしまう。品質意識の低さの原因はどこにあるのか、多忙の影響か？　ルールを知らないだけか？　コミュニケーションの問題か？　それとも経営陣の問題か？　直接的な検査実態や運用状況の確認だけでなく、その根本である品質意識や自社実態に対する調査を行うことで、適切な対策につなげることができる。製品の不適合クレームであっても、「なぜなぜ」を繰り返して全容を把握し、根本原因を理解しないと、本質的な対策はできないのと同じことである。

品質意識調査の方法としてもっともおすすめしたいのは、さまざまな階層の従業員に対するアンケートやヒアリングである。

アンケートは、広く全従業員に対して実施できるため、部門や役職、年代などのレイヤーごとの実態を網羅的に確認することができる。どの属性の従業員の品質意識が高いのか、低いのか、どこがネックとなっているのかが、相対比較しつつ把握できるので、自社の弱みがどこにあるのか発見するヒントを得られるのだ。

確認する項目としては、ここまで本書で提示してきたような、会社（社長）の品質意識や、品質部門の権限、人員体制、納期や製品仕様遵守に対する意識、各種コミュニケーションの問題などである。これらに対して各従業員がどのように感じているかを確認すると良い。

他方、ヒアリングでは個別の従業員に対して、もう少し立ち入った事情を確認することができる。「実は上司の〇〇さんはルールを守る意識が低い」「現場内で品質問題があっても『それくらい大丈夫』としか言わない」「前工程の仕事が雑なせいで、しわ寄せが全部自分たちに来ており、品質を見ている余裕がない」といったリアリティある発言を得られるかもしれない。アンケートではここまでの内容を確認できないため、本質的な問題点を深掘りしたいのであれ

ばヒアリングは欠かせない。

　一方でヒアリングの効果を発揮するためにはアンケート結果の分析もおろそかにできない。アンケート結果の分析により、全体の傾向を確認しておくと、確認ポイントや確認対象者を絞ってヒアリングができる。実施できる。このため、まずアンケートを実施して全体傾向を把握し、問題の所在に関する仮説を立て、その仮説を実証するためにヒアリングをするという方法が望ましい。

　これら**調査の際のポイントとなるのは「秘匿性」**である。個人名をさらしてしまうようなアンケートとなってしまうと、心理的なバイアスが働き、本心を答えてもらえない可能性が高い。実際は品質への意識が高くないにもかかわらず、あまり変な回答をすると怒られたり、待遇が悪くなったりするのではないかと思って、虚偽の回答をすることもある。これではアンケートをする意味がなくなってしまう。このため、自社内で実施する場合には、無記名で実施するなど工夫が必要となってくる。ただしこの場合、誰が回答したのかがわからなくなるため、個人を指定してヒアリングすることが難しいというデメリットがある。

　これらデメリットを払しょくするために、社外の弁護士や調査会社、コンサルティング会社を使うという方法もある。利害のない第三者であれば、「答えた情報はコンサルタントのみが把握、貴社には一切生データを開示しない」という条件を示せば、回答者側も忖度なく回答することができる。ヒアリング対象者も第三者であるコンサルタント側で選定するため、理由を事務局に開示することなく個人を指名することが可能である。

第5章

不正覚知後の危機対応

　前章で述べたように、品質不正を予防するために各社ではさまざまな努力を行っている。

　とはいえ、予防策の構築、準備には時間やコストを費やす必要があり、理想的な予防策をただちに確立することは難しい。また、一旦満足のいく品質不正予防策を実現できたとしても、ときが経ち、社員が入れ替わり、外部環境が変化する中で、品質への意識が薄れ、品質保証体制も形骸化する可能性がある。

　これは、品質不正の未然防止の点だけではなく、それらを覚知し、影響が拡大することを防ぐためにどのような対応をすべきか、という危機対応のアクションにも影響する。

　品質不正事案そのものではないが、過去に大規模食中毒事案を起こした大手企業でも同じような問題点が浮き彫りになった。この事案の事故報告書によると、この企業は事故発生の40年前にも同様の大規模食中毒事故を起こしていた。最初の事故当時の社長は、事故を起こしてしまったことを深く反省し、全役職員向けの行動規範を策定して、品質を第一に、またそのために各役職員が何をしなければならないか明示し、毎日の朝会において唱和し、社員の品質意識を高め続ける努力を行った。

　しかし40年の月日が流れ、取組みは形ばかりのものとなり、なぜその取組みを行っているのか、当時の社長や社員がどのような想いでその取組みをスタートしたのかが忘れ去られてしまっていた。そのため、基本的な食品衛生の知識や意識、さらには消費者の安全、健康が第一という食品企業にとってもっとも重要な理念がなおざりになっていった。

　そして、工場長や品質管理責任者であれば当然気づくべき微生物の危険な特性を見過ごし、汚染された食品を流通させてしまった。

　さらに、事故の予防に失敗しただけでなく、その後も自社の製品が食中毒の原因であると特定することに時間がかかり、被害を拡大させてしまい、また社

第5章　不正覚知後の危機対応

長の軽率なコメントがワイドショーで毎日のように放送され、食品企業としての信頼が崩壊してしまった。

　品質問題そのものは複雑であり、一般消費者には理解が難しい部分がある。一方で、大企業の役員が汗をかきながら会見に臨み、しかも厳しく若手記者に詰め寄られている場面は絵としてわかりやすく、消費者の記憶に残りやすい。

　それゆえ、起こしてしまったことはもちろんであるが、その後の危機対応の巧拙にこそ世間の関心は集まり、少しでも失敗すればマスコミやSNSで糾弾されるのである。この瞬間、企業のレピュテーションや製品への信頼は大きく低下する。

　このような状況をできるだけ回避するために、本章では、会社として品質不正をどのように素早く覚知すればよいのか、また発覚後、どのような危機対応を行えば最小限の被害で済むのか、実事例を踏まえながら検討してみたい。

5.1　不正発覚の端緒

　過去数年間の品質不正事例を見ると、不正が発覚する経緯はさまざまである。
　図5.1は、不正が発覚するいくつかのパターンを示したものである。発覚パターンによって会社の信頼や評判、いわゆるレピュテーションへの影響が変化することを示している。もちろん、品質不正そのものの内容や組織的関与状況が会社のレピュテーションには大きくは影響するが、不正発覚の経緯によっても負の影響が増大することを知っておきたい。基本的には、内部の自浄作用で発覚するよりも、外部を経由して発覚、とりわけ会社が把握しないまま内部告発によって発覚すると、信頼への影響は大きくなる。また、信頼だけでなく、顧客対応、消費者対応、株主対応、行政対応、広報対応、そして社内対応等さまざまな危機対応実務にも負の影響を及ぼすのである。

　以下、それぞれの発覚パターンによる企業信頼への負の影響について解説する。

5.1.1　通常の社内報告ルートによる発覚

　内部通報などと異なり、新任担当者や管理職、工場長などがこれまでの製品検査実施方法や工程管理に疑問を持ち、品質異常が発生した場合、正式な手続きに従って報告したり、定例会議で取り上げたりすることで、明らかになるパ

5.1 不正発覚の端緒

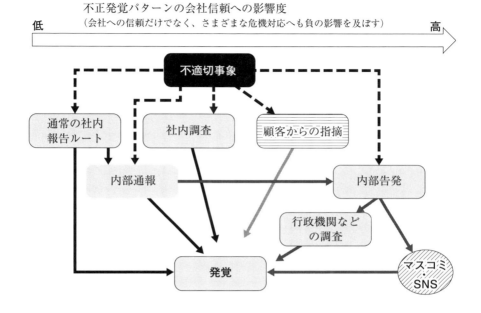

図 5.1 さまざまな不正発覚のパターンと会社信頼への影響差

ターンがある。ある事例では、グループ会社から異動してきた工場長が、現場で不正と疑われる行為を実施していることに疑問を持ち、検査担当者や管理職に確認した。その結果、この行為は、社内ルールはもちろん、顧客との契約にも違反する行為であった。それにもかかわらず、何年も前から慣習として続けられており、当たり前のこととして問題視されていない状況を工場長は突き止めた。

そこで工場長は経営会議で報告して事態を可視化し、経営会議メンバーも事態の重大性を認識した。そしてただちに同社から親会社にも報告がなされ、親会社も一体となって不正行為の実情調査を実施、その結果、不正行為の全貌が明らかになった。

とはいえ、日々の業務遂行の中で不正に気づき、指摘し、報告することはきわめて難易度が高く、強い精神的負担を強いるものである。権限のある上位者を巻き込んで、強い正義感を持って実行するのでなければ、上席に握りつぶされたり自身のキャリアに重大な傷がついたりするおそれもある。したがって、内部通報や内部告発、あるいは外部からの指摘などによる発覚に比べ、通常の

社内報告ルートにおける不正の発覚は限定的であると言える。

5.1.2 業界団体の要請や自主的な社内調査による発覚

　内部通報や内部告発、あるいは外部からの指摘による社内調査はここでは除く。そうではなく、品質不正問題が社会的に表面化した2010年代後半において、複数の経済団体、業界団体が会員企業に対し自主的な調査を求めたり、あるいは競合他社の不正発覚を受けて自ら襟を正そうと調査に着手したりしたことについて述べる。結果として品質不正やその萌芽となる事象が数多く発見され、公表されるに至った。

　特に、2017年の鉄鋼メーカー及び自動車メーカーの品質不正事案発覚を受け、一般社団法人日本経済団体連合会（経団連）は2017年末、会員企業に対して品質管理に係わる不正、不適切行為がないか、関連会社、傘下企業を含めて自主的に調査し、法令違反などの行為が発覚した場合には速やかに公表するよう依頼した[4]。

　筆者が複数の大手企業の品質保証担当管理職からヒアリングしたところによると、経団連からの要請を受けて多くの会員企業が品質不正調査を一度は実施した様子がうかがえる。この結果を集約し、経団連から2018年2月に5件の不正行為の報告があったことが発表された。また、同年には複数の大手企業が品質不正の存在を発見したことを公表した。このように"集団的な自主調査"による自浄作用を企図した結果、多くの企業はまじめに社内調査に取り組み、その結果大小の不適切行為が連鎖的に発覚した。

　このように連鎖的に発覚したといえる一連の"品質不正ドミノ"問題であるが、これは逆に言えば業界全体で品質不正リスクを重要視し、まじめに調査を行ったことにより、これまで見つけられなかった不正を発見し、膿を出そうとした結果であるともいえる。

　ただしこれらの調査では、不正があるか否かを従業員にストレートに聞くことが多かった。残念ながら、不正の事実を発見しようとすれば現場は抵抗し、隠そうとする。自分や現在の上司、同僚だけでなく、長年不正に関与してきた先輩社員にも迷惑がかかり、責任問題に発展するからである。

　また、不正が明らかになれば取引先から契約解除や取引の停止を申し入れられ、会社全体の売上に大きな影響を及ぼす。まじめで他人に迷惑をかけてはいけない、という教育を受けてきた伝統的な日本企業の従業員は、そう簡単に真

実を話すことはできないのである。

　そこで、一度不正の調査を実施し、大きな問題が発見できなかった企業の一部では、翌年、さらに翌年と継続的に調査を行ってきた。

　実際、複数の重大品質不正事案が発覚した大手メーカーでも、他社の不正発覚を機に3年連続して全社品質点検を実施した。1回目と2回目の点検では不正は発見されなかった。しかし、3回目の点検において多数の不正が発覚して是正を実施、さらにその後の社内調査で、重大な検査結果改ざんや試験結果の流用が行われてきたことが発覚した。

> 　ある工場長は、1回目と2回目の全社品質点検の前に、現場から品質不正について相談されていた。しかし、長期の出荷停止などを恐れて報告せず、品質不正の事実を隠していた。

　このように、品質不正の事実そのものを発見しようとする調査の場合、一度の調査ですべてが明らかになることは、まず期待できない。繰り返しの調査を行って初めて、その一部が見えてくるものであり、多くの時間と労力を費やすこととなる（図5.2）。

　このように、2017年以降業界をあげての調査機運の高まりにより、連鎖的

図5.2　品質不正調査に対するキーパーソンの沈黙

に品質不正事案は発覚した。そしてその後も、真剣に膿を出したいと考える企業では、社内調査を継続して行っている。

　ただ大変皮肉なことに、これら企業の努力によって多数の品質不正行為が発覚したことにより、「日の丸メーカーによる品質不正ドミノ」「モノづくり日本の凋落」という報道が継続的になされている。国民の多くに日本の製造業に対するネガティブな印象が加わり、メーカー関係者の自信を失わせ、日本経済衰退というナラティブの一要素になりつつあることは誠に残念である。

　他方、外国企業においては数年前に巨大自動車メーカーと、これに部品を供給する世界的メーカーが深く関与した排ガス規制不正事例が発覚しているが、日本企業ほど連続的、断続的に報道されている訳ではないのが現状である。

5.1.3　顧客からの指摘による発覚

　「顧客からの指摘により不正が発覚する」というパターンは必ずしも多い訳ではない。なぜなら、これまで見てきたように品質不正は機能面にほとんど影響しない範囲で行われるからである。

　とはいえ、例えば筆者は下記のような状況に遭遇したことがある。

　ある日完成品メーカーにおいて部品を組付けして性能試験を行ったところ、予定した値が得られなかった。当該部品は20年以上にわたって同じ部品メーカーから調達しており、直近で図面や仕様の変更も行っていなかった。部品メーカーに事情を確認すると、やはり従来通りの図面に従って製造し、何ら工程変更はしていないとの回答であった。

　しかし、さらに部品の原材料まで調べさせると、購買担当が勝手に調達先を日本企業から外国企業に変更していたことが発覚し、これが完成品の柔軟性に影響を与えていることが明らかとなった。もちろんこの原材料変更について完成品メーカーに報告されてはいなかった。部品メーカー側の品質管理体制が問題視され、品質不正行為の1つではないかと指摘されてしまった。

　その後、この部品メーカーは完成品メーカーから品質保証体制の大幅な改善を要求され、最終的には経営陣も入れ替わりを余儀なくされた。そして、その改善状況を完成品メーカーからモニタリングされることとなってしまった。

　このように、顧客からの指摘によって不正が明らかになった場合には、顧客にも実損害が発生していることが多く、不正を起こした会社の経営存続にも影響するおそれがある。上記の例以外でも、部品の品質不正によって完成品に不

具合が生じ、完成品メーカーがリコールを決定して、そのリコール費用をすべて請求され、払わざるを得なくなった部品メーカーも存在する。

顧客からの指摘による不正発覚は、その影響が大きくなりやすいことを認識しておきたい。

5.1.4　外部機関や行政機関の調査などによって発覚

外部機関の調査による不正行為の発覚は、後述する内部告発がきっかけとなる場合が多い。例えば、自動車メーカーにおける完成検査の不正については、当該メーカーの社員から所管省庁に対して内部告発があり、その数カ月後に当該省庁から抜き打ち検査が行われた。これにより実際に完成検査不正が行われていたことが明らかとなった。また、その他の事例でも各種機関への直接の告発だけでなく、WEB上の不確かな告発情報を端緒として行政機関が調査に動き出したといわれている事案もある。

以上のように、外部機関や行政機関の調査などによって発覚したとされるパターンについても、その本当の端緒は内部者からのリーク情報であることが多い。行政機関等はその情報を踏まえたうえで調査に入り、現場の物的証拠やヒアリングを通して法令に違反するような不正がなかったか、また規格基準から逸脱した検査がなされていないか、証拠を積み上げて事実確認を進めることとなる。

5.1.5　事故やトラブル発生により発覚

これまで見てきたように、ほとんどの品質不正事案では、製品の安全性や機能性に影響を与えることはなく、むしろ「わからないから」大丈夫だ、という意識が不正に手を染めさせる端緒になってきた。

しかし、中には実際に事故やトラブルが発生し、犠牲者を出してしまった品質不正事案も存在する。ここでは3つの事案を紹介する。

(1)　トレーラー脱輪事故でリコール隠しが発覚

もっとも記憶に残るものとしてあげられるのは、小説の題材にもなった自動車メーカーのリコール隠し事案である。発覚の1つの端緒として、悲惨な死亡事故が思い出される。事故は2000年代のはじめ、関東で起こった。下り坂を走行中の大型トレーラーから左前輪が突然脱落し、そのまま50m転がって、

歩道でベビーカーを押していた母親に直撃したのである。この母親は死亡し、一緒に歩いていた長男と、ベビーカーに乗っていた次男も負傷した。自動車メーカーは当初からトレーラーを運行していた運輸事業者側の整備不良が原因であると主張していた。

　しかし、実は1990年代以降同じ年式の同社製トラックで50件以上の車輪脱落事故が発生していることを同メーカーは認識していた。車輪ハブが破断しやすくハブ自体に構造上の欠陥があることを同社は認識しえたにもかかわらず、個別対応だけに終始し、本来行うべきリコールをせず危険性を放置していた（いわゆる「リコール隠し」があった）として、責任者が有罪判決を受ける事態となった。

　なお、これまで取り上げてきたような昨今の品質不正事案では出荷前に品質上の問題を認識していた（それゆえ検査データの改ざんに走る）にもかかわらずこれを隠して出荷するパターンが多い。一方で、一旦出荷した製品の問題を後になって認識したにもかかわらず何も対処をしない、あるいはその問題を隠すことも、事後的な隠匿行為として品質不正行為の一種である。

(2)　マンションが傾き、杭打ちデータ改ざんが発覚

　2つ目の事案として、マンションの傾き事案も有名である。当該マンションは大規模分譲マンションであり、いくつかの棟が渡り廊下で結ばれていた。竣工から8年後、住民から渡り廊下の手すりがずれているとの報告があった。調査の結果、手すりに2.4cmの段差があり、床にも1.5cmのずれがあって傾いていることが発覚し、その原因として、傾いた棟にある6本の杭が地盤の支持層に到達しておらず、2本は打ち込みが不十分であることも明らかとなった。さらにその経緯を調査してみると、杭打ち工事を担当した施工業者の現場管理者が杭打ちデータを改ざんし、虚偽データを使って工事していたことが発覚した。しかもその後の調査によって、当該現場管理者が担当していた現場以外でも、あるいは当該施工業者以外の杭打ち工事の現場でも、虚偽データの使用疑惑が明るみになり、業界全体で大きな問題となったのである。

(3)　食のプロが見抜き、食品偽装が発覚

　最後に、外食業界における「お客様にわかってしまった」事案を紹介する。2010年代前半に、外食や食品業界で産地偽装や銘柄偽装など、いわゆる食品

偽装事案が多発した。食品偽装が社会問題になった際にも、お客様からの風味クレームではなく、内部告発や行政の立ち入り検査で明るみになるケースがほとんどであった。

しかし食品業界には、繊細な風味を判断できる本当のプロがいる。食品企業にはほんのわずかな食味の差異を判定できる官能検査員がおり、官能評価士という資格まで存在する。彼らの鼻や舌は、分析器よりも繊細に風味の差を判別できるという。このような方々が、開発段階で、あるいは量産後の抜き取り検査段階で、わずかな風味の違いを判定して品質を担保するとともに、異味異臭クレームがあった際にも原因分析の際に活躍するのである。

そのような特別の舌を持ち、訓練を受けたプロが、ある日レストランで高級原材料を用いたメニューを注文した。配膳され、一口目を食べたあと彼はすぐにホールスタッフを呼んでこう告げた。

「バックヤードの納品伝票、見せてください」

納品伝票には、高級原材料ではなく、ランクの劣る原材料名が書かれてあった。このレストランでは仕入の問題で高級原材料が調達できない場合があり、その際は風味でそれほど劣らないと思われた代替原材料を調達していた。ただしメニュー表示の高級原材料の表記は変更しておらず、結果として偽装を行っていたと判断された。

以上のように、事例としては限定的であるが、実際の事故、トラブルとして不正リスクが顕在化する事案は発生している。そして安全性や機能性（ブランドやストーリーを含む）に影響する品質問題が明るみとなると、センセーショナルに報道され、社会問題として取り上げられ、業界全体に影響を与えることとなる。仮に報道されなくとも口コミやSNSの書き込みで噂が広がり、同社の信頼性を著しく傷つけることになるのである。

5.1.6 内部通報

自社あるいは行政などが不正調査に着手するきっかけとして、内部通報と内部告発による発覚があげられる。両者は似た言葉であって混同して使用されることも散見されるが、明確に異なることを認識しておくべきだ。すなわち、内部通報は文字どおり会社内部への通報であるのに対し、内部告発は会社外部へ通報することである（図5.3）。

内部通報と内部告発の定義をより明確に述べると、以下のようになる。

第5章　不正覚知後の危機対応

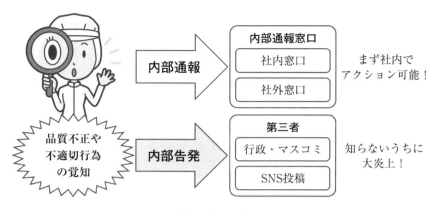

図 5.3　内部通報と内部告発の違い

> 《内部通報と内部告発の違い》
> • **内部通報**：品質不正等の法令、ルール違反や各種不正行為を発見した役職員が、社内窓口もしくは社外窓口を通じて**所属する会社（組織）**に**報告**することをいう。
> • **内部告発**：行政機関、マスメディアなど**自社以外の外部機関に通報**すること、あるいは、SNSや匿名ネット掲示板等**誰もが閲覧可能な媒体に内部情報をさらす**ことをいう。

　内部告発をされてしまうと、自社の不正や問題を把握しないうちに行政やマスコミに知られたり、一般国民の目に留まったりすることになる。そうすると、報道やX（旧Twitter）などによってただちに情報が拡散する。これにより会社の信頼はたちまち低下して深刻なダメージを負い、商取引や人材採用に甚大な悪影響を及ぼす。

　そのような内部告発リスクを低減し、外部に漏れる前に自社内で問題を吸い上げ、改善検討をして対策を実行するための制度が内部通報制度である。通報者の匿名性が守られて必要な情報のみ必要な部門に届き、早期に公平適切な改善検討がなされるといったように、内部通報制度が機能していれば、役職員はあえて内部告発をする必要がない。企業の信頼が傷つく前に早く気づき手を打つことにより、外部へのイメージ低下を避けることができる。

　他方で、内部通報制度というカタチのみ存在していたとしても、通報者がす

ぐにばれてしまう（直属の上司に不用意に情報共有されてしまう）、通報者が報復的に異動させられてしまう、情報を受け取った側がアクションをしない、といったように、機能していない制度であれば結局は外部に告発されてしまう。

なお、2022年6月1日に公益通報者保護法が改正[4]された。改正のポイントとしては、

① 内部通報制度の体制構築と担当者指定を義務化
（ただし従業員300人以下の中小企業は努力義務）
② 内部調査従事者に対し刑事罰を伴う守秘義務創設
③ 行政機関・外部公益通報の保護要件の緩和
④ 公益通報として保護される対象事実の拡大
⑤ 保護対象者の拡大
⑥ 保護内容の拡大
⑦ 通報者への損害賠償請求の禁止

があげられる。

内部通報制度の整備が企業等さまざまな組織の義務となり、通報者の保護が手厚くなっていることに注目してほしい。内部通報制度は不正の芽に早く気づくための有効な手段であるから、法令上の義務になったとネガティブに捉えるのではなく、内部通報制度を実効化することにより、自社の信頼維持に役立ててほしい。

実際に、品質不正発見のために内部通報制度が機能した事例は多い。例えば、長年検査不正が慣習化していたグループ会社の従業員から親会社に対して内部通報をしたという事例があった。親会社が調査をしたところ、検査データの書き換えが確認され、しかもこの慣習は20年以上にわたって続いていたことが明らかになった。親会社は特別調査委員会を設置して調査をし、不正の原因や経緯について、また他にもグループ全体で不正が起こっていないかを調査することを決定した。その後、この状況を世間に公表したところ、「本当にこの製品だけなのか？　ほかにもやっているんじゃないか」というネガティブな反応も一部で見られた。しかし仮に内部通報が機能せず、通報者がやむを得ず外部に告発をしていればどうなっていたであろう。会社側が知らない間に報道やWEBでの書き込みがエスカレートし、会社への信頼は比較にならないほど低

---

4) 公益通報者保護法の一部を改正する法律（令和2年法律第51号）

下していた可能性がある。内部告発によって不正が発覚した事例については次項で見ていこう。

5.1.7　内部告発
(1)　会社への不信感が内部告発につながる
　内部通報制度が機能しない状況に絶望して、あるいはそもそも会社への不信感が強い場合には、内部告発という最終手段が使われることとなる。また、2000年代以降は情報の出し手（行政機関やマスメディア）と情報の受け手（一般市民）という構図が崩れ、SNSや匿名ネット掲示板で"普通の人"がこれまで明るみに出なかった内部情報を気軽に発信できるようになっている。そのため、品質不正事案においても内部告発によって数多くの事例が明るみになった。
　まず、自動車メーカーにおける無資格検査の発覚事案が、内部告発事例としてあげられる。このときは、最終的には監督する行政機関からの抜き打ち検査により無資格者による製品検査の実態が確認された。しかし、抜き打ち検査のきっかけとなったのは従業員から行政機関への内部告発であった。ある従業員が「無資格者による製品検査が常態化している」ことを行政機関に告発し、これによる抜き打ち検査の結果、告発通りの内容が確認されることになった。なお当初、同社は「内部告発はなかった」とコメントしていたが、後になってやはり告発があったことが判明した。
　また、上記と近い時期において別の内部告発事案があった。こちらは行政機関への告発ではなく、匿名ネット掲示板への書き込みであった。なお、当該掲示板ではさまざまな大手企業の名前の付いたスレッド（特定のテーマについてコメントする個別掲示板）が乱立しており、内部者が愚痴を言い合う状況が定着している。そのような定常的に存在するスレッドに追加記載されたのではなく、当該品質不正を告発するためだけのスレッドが立板され、その最初の書き込みで告発がなされた。具体的には、「……にて検査データを改ざんしていた。……規格を満たしているかのように偽り、……品質保証部門の管理職が主導して、……組織的に不正を行っていた」という書き込みであった。
　この書き込みを発見したネットユーザーが当該企業に問い合せたことによって、この告発は企業側も知るところとなった。本件では、後日の社長会見において、「（告発がなければ）本来では公表する予定はなかった」との発言があり、大手企業の方針としてそれでよいのか、という批判も起きた。

(2) 不信の原因となった意思決定

　これら広く報道された内部告発事案以外にも、筆者が把握した生々しい実例がある。その企業では、原材料検査時において、あるとき法令が定める基準を超過した検査結果が出た。その原材料は使用される前に熱処理がなされるため、仮に法令基準を超過していたとしても完成品に安全上、機能上の問題は生じない。検査担当者は非常に「まじめで会社想い」の社員であったため、ふと立ち止まって考えた。

　「このまま正直に検査結果を記録すると、ただでさえ厳しい顧客から出荷を止められ、ペナルティを受け、会社が損害を被ることになる。安全には影響しないのだし、熱処理後の検査結果を流用して記録した方が円滑に製品を出荷でき、会社のためになるのではないか」。そして彼はこれを実行してしまった。ところが、次の検査においても、その次の検査においても、法令基準を超過する検査結果が出た。担当者は困った。このまま、熱処理後の検査結果を虚偽記載し続けるのか、あるいはこれまでの過ちを上長に報告するのか…結局、嘘をつき続けることを選んだ。

　最終的にこのデータ虚偽記載は、原材料調達の改善が議論される中で品質保証部門が問題点に気づいたことにより発覚し、検査結果の書き換え事案として重大視され、改善行動がなされた。しかし、確かに法令基準を超過してはいたが、熱処理前の検査は自主検査項目であり最終的な安全性は担保されていたため、所管する行政機関への報告は見送られた。

　ところが、このような会社決定を問題視した社員がいた。確かに安全性担保はされているが、自主基準として定めた検査ルールに違反して虚偽記載をしたことは事実であり、行政庁への報告を見送ったことはメーカーの姿勢として問題があると考え、行政側に内部告発がなされたのである。内部告発があったこと自体はリークされることはなかったが、最終的に当該企業は法令基準を超過した検査結果を書き換えていた事実について、行政機関の立ち入り検査を受け、その事実を世間に公表し、謝罪することになったのである。

(3) 不誠実の蓄積が不信を生む

　とりわけ2000年代以降、どの会社でもコンプライアンス体制構築を行政や社会から迫られてきた。しかもこれまで述べてきたとおり、コンプライアンスの内容自体変容しており、単に「法令」の遵守にとどまらず、業界ルールや社

第5章　不正覚知後の危機対応

内ルール、さらには世間の常識や期待に沿うことまで求められるようになっている。会社側はそのような状況を社員に伝え、教育することによって、社員一人ひとりのコンプライアンス意識を高めてきた。

　その結果、これまで業界内では問題視されなかった、あるいは明るみに出ることのなかった"ささいな"法令違反やルール違反であっても、慣習化、定着化していれば、その状況に社員が疑問を持ち、問題視する機会が増えた。これに加え、昨今の内部通報制度の拡充により社内通報されることも多くなり、会社側としても外部に明らかになる前に不正の端緒を掴むチャンスを得たといえる。

　しかしながら、せっかく明らかになった不正事案について、顧客にも行政にも報告せずに隠し通そうとすれば、通報をした社員や不正事実を認識した社員は、会社の姿勢に絶望するのではないだろうか。そもそもコンプライアンス教育の実施者である企業自体のコンプライアンス意識はどうなっているのか、という懸念が生じてしまう。

　誤解してほしくないのは、すべての不適切事案を顧客や行政に報告したり、外部公表したりすることがマストだ、といっているのではない、ということである。それらをすべて報告しなければ、社員が常に密告をするなどと脅すつもりはない。例えば過失によってたまたま一度だけ社内ルールや顧客との仕様に違反してしまった、あるいは形式的な法令違反になってしまった、しかし製品の機能性や安全性にはまったく問題なくクレームも発生していない、という事案について、内部告発をされた、という話は聞いたことがない。

　社員が問題視するのは1個1個の不適切事案ではなく（もちろんその1個が重大な不正であれば話は別だが）、むしろそれら不適切事案が積み重なって慣習として定着している、不正文化が会社に染みついている、という状況なのである。そしてそれを隠そうとする姿勢である。そのような会社の文化や姿勢、あるいは経営者の態度が見えたとき、社員は絶望して外部に告発をするのである。

　法務や人事部門が自社の悪しき社風や因習の実態を理解することなく、「右に倣え」式の表面的なコンプライアンス教育をしても、あるいは品質保証部門が品質コンプライアンス教育を行っても、会社の闇を知る社員の心は離れたままである。内部告発を未然防止するためには、前述した社風改善や一人ひとりの品質意識の向上、そして何より経営陣による魂のこもった発信と率先垂範が必要である。

5.2　発覚後の初動対応

5.2.1　初動対応・危機管理の心得
(1)　起きたことはもちろん、発生後の対応のまずさに批判集中

　これまで述べてきたように、さまざまな端緒を通じて会社側は不正を把握することとなる。とりわけ、顧客からの指摘で発覚した場合や、内部告発によって関係機関からすでに疑いの目を向けられている場合は、信頼をこれ以上低下させないための誠実かつ迅速な対応が必要である。すでに状況はクライシスマネジメント（危機管理）の局面に入っていることを自覚し、今後の対応によっては自社が築き上げてきた顧客や消費者をあっという間に失うことになると深く認識しなければならない。

　過去のいわゆる"炎上"事案、すなわちバッシング報道されて社会問題となった事案や、SNS等WEB上での批判が広がった事案に、共通することがある。それは、「起きたことはもちろんだが、**発生後の対応のまずさに批判が集中**し、炎上が拡大していった」、ということである。一度こうなってしまうと、自社の努力で炎上を食い止めることはできない。場合によっては、組織の存続や信用危機にまで発展してしまう。それゆえ、日頃から万が一の危機対応を考えておくことが大切なのである。

　これはとりわけ品質不正事案においてあてはまる。事故ではなく"事件"であるからだ。すなわち、一時的な過失によって起こった同情の余地ある事故ではなく、長年の因習や社風改善の努力を怠ったことによって起こった事案、企業がやるべきことをやっていなかった結果として起こしてしまった事件だからである。関係者や世間は、「問題のある会社」という色眼鏡をかけたまま会社の危機対応を観察することになる。そして、これまで不正を防げなかったように、危機対応においても失敗するだろうと勝手に推測するのである。このようなネガティブな色眼鏡を払しょくできなかったとしても、少なくともこれ以上会社の信頼を失わないように、また自社で働いてくれている社員の将来を守るためにも、必死の対応が求められ、これを成功させるための平時の準備が重要となる。

(2)　危機対応のポイント
　もちろん、食品偽装などで見られたように、経営者や幹部が意図的に産地や

第5章　不正覚知後の危機対応

銘柄偽装を画策した場合には悪質性が高いので、危機対応の巧拙にかかわらず大炎上することは間違いない。例えば食肉ミンチ偽装事件では、社長自身の指示によって偽装が繰り返されたのであり、逮捕され詐欺罪で有罪となり実刑判決が下った。とりわけ悪性の強い不正であったから、危機対応にどのように尽力したところでこの会社が生き残ることはなかったであろう。

一方で、近年頻出した工業製品における品質不正案件は、全社の組織ぐるみの不正、あるいは経営者の号令の下に不正をし続けたというたぐいのものではない。たしかに不正を発見できなかった、その文化を野放しにし続けたという落ち度や重過失は存在する。しかし、起こってしまった事実を迅速かつ丁寧に把握し、なぜ起こったのかその原因を分析し、有効な再発防止策を検討し、これら一連のプロセスを透明性ある形で顧客、行政、そして一般国民に説明し続ける努力をすれば、信頼低下は食い止めることができる。そして世の中に貢献できる会社であると再認識してもらえるであろう。

本節では、不正の事実（あるいはその可能性）の報告を受けた品質保証部門などが、どのように対応し、会社幹部に情報伝達するか、幹部はどのような流れで危機対応の意思決定やアクションを進めていくべきか、一般的な流れを図5.4に示す。危機対応のポイントは、以下のとおりである。

《危機対応のポイント》

① 迅速かつ正確に情報を収集・整理し、経営陣に報告すること
② 事実調査、原因分析、顧客、行政対応、再発防止策検討、実施等一連の対応基本方針を意思決定すること
　⇒もし安全にかかわる不正であれば速やかな製品措置や広報対応も必要
③ これらを円滑に実行できる体制を組むこと（外部支援含め）
④ 上記のプロセスを真摯に顧客、世間に説明し続けること

是非、読者の会社においても、前出の《危機対応のポイント》や図5.4に示した危機対応フロー例示、あるいは詳細解説を参考に、自社の実情に合った危機管理体制の構築（マニュアル策定、役職員への教育、これらを踏まえた訓練の継続的実施等）に取り組んでいただきたい。

5.2 発覚後の初動対応

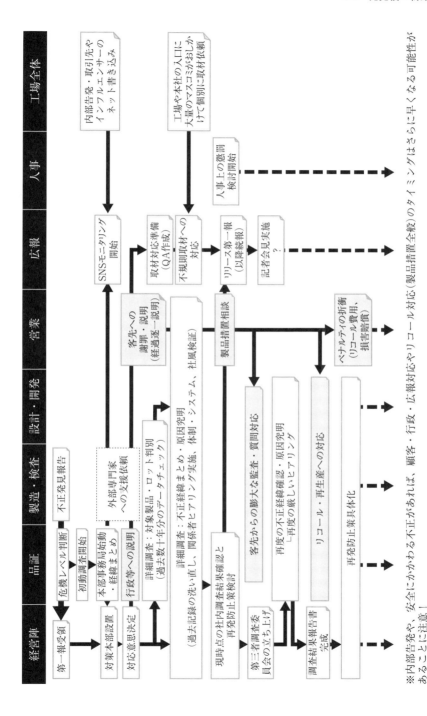

図 5.4 重大な品質不正発覚知後の危機対応フロー例（ある発覚ケースの例示）

※内部告発や、安全にかかわる不正があれば、顧客・行政・広報対応やリコール対応（製品措置全般）のタイミングはさらに早くなる可能性があることに注意！

119

5.2.2　品質保証部門の初動
(1)　拙速は巧遅に勝る
　これまで見てきたとおり、過去の品質不正事案では、機能性、安全性に影響を与えるものは限定的であった(それゆえなかなか発覚しないのであるが)。
　例えば、ただちに食中毒を起こしたり、製品事故を起こしたりして、人に危害を与えることはまれである。とすると、不正の事実を把握した品質保証部門あるいはこれを代替する部門(品質コンプライアンスや製品事故対応を統括する部門、例えばリスクマネジメント担当、法務、総務、経営企画部門等)としては、重大性判断や経営者報告を、危機対応の定石どおり、とにかく急ぐことが本当に是なのか、やや疑問に思われるかもしれない。なにせ、品質不正はただの製品事故とは違う。会社の信頼崩壊につながる重大なネガティブ事案である。
　そうであれば、危機レベル判断(重大性判断)や経営者への報告をする前に、まずはつかんだ情報をしっかりと精査したい、できるだけ詳しく事実経過を整理したい、情報が事実だったとしてもその原因をある程度は明らかにしておきたい、そのうえでの判断や報告だ、と考えるのではないだろうか。
　さらにいうと、これほど重大な問題について中途半端な情報をもとに「危機レベル『高』」の判断をし、経営者の肝を冷やしたにもかかわらず、ふたを開けてみれば過失による一時的なルール違反であり、顧客との契約違反でも法令違反でもなかった、となれば、品質保証部門の権威が低下、いや、品質保証部長や担当者のメンツが丸つぶれになり、出世にも響くのではないか、と密かに案ずるのが人の心情ではないかと思われる。
　品質保証部門やリスクマネジメント部門であれば、「拙速は巧遅に勝る」という危機管理界隈の格言をご存じの方も多かろう。他方で扱いの難しい情報が上がってきてしまった状況で、不正確な情報による誤った判断や報告をしたくない、誤った報告をして経歴やメンツを汚したくないという人情、そして、製品の安全性にほとんど影響しないなら判断や報告が多少遅れても問題ないであろうと正当化する心理が生まれがちである。
　しかし、品質不正事案であっても「拙速は巧遅に勝る」の格言は正であり、むしろ親和性が高いと言える。前述したようにすでに事態は動き出している。発覚の端緒が顧客である場合はもちろん、内部ルートによって情報がエスカレーションされてきた場合も同様だ。通報後のアクションが遅滞していると、結局この会社はダメなのかと通報者を落胆させ、あきらめによる内部告発を助長

してしまうおそれがある。

　いずれにしても、品質保証部門等初動を統括する部門がボールを持ちすぎて、いたずらに時間が経過し全社アクションが遅れることが危険である。もちろん、断片的な情報を精査することは重要であるが、それはそれで継続しつつ、品質不正という企業の重大リスクの第一報を尊重し、不正確でも重めの危機レベル判断をしておけばよい。そして「危機レベル『高』」と判断したのであれば、ただちに社長や危機管理担当役員へ初報を入れ、彼らの危機対応のエンジンに火をつけておくべきだ。

(2)　危機レベル判断（重大性判断）と正常性バイアスの排除

　なお、危機レベル判断（重大性判断）は、危機事象を重大性や影響度によって分類し、どのような体制や心得で危機に立ち向かうべきか、「対応」のレベルを決定するための判断である。例えば社長を頂点にした対策本部のような臨時組織を作り全社一丸となって対応するレベルなのか、あるいは危機発生部門のみで対応すれば十分なレベルなのか、といった判断である。

　2010年代以降、大企業はもちろん中堅規模以上の企業でも危機管理マニュアルの策定が進んでおり、その中に危機レベル判断目安を織り込むことも増えている。判断目安をあらかじめ設定しておくことで、人間の心の弱さ、つまり「うちの会社でそんな大ごとが起こるはずがない、起こったとしてもすぐに問題が収束するはずだ」という正常性バイアスを排することができる。これにより、危機の真っ只中においても客観的かつ冷静な視点で現状を評価することができる。必要に応じた迅速な情報共有と意思決定を促進し、実働のための人的物的リソースを揃えることができるのだ。

　ただ、各社のマニュアルを拝見していると、製品事故や自然災害に関する危機レベル目安は設定しているが、品質不正などの役職員不祥事に関する危機レベル目安は設定されていないことが多い。いや、そもそも品質不正を危機管理対象リスクとして想定していない企業が多いように見受けられる。品質不正を想定リスクとして掲載し、その危機レベル目安を設定することそのものが、はばかれる雰囲気があるようにも思える。

　しかしそのような社風では、実際に品質不正事案が起こっても、危機レベル判断に迷い、初動対応を統括する部門にて時間を浪費することになる。あるいは正常性バイアスに陥った「声の大きい」人が、「そんな大ごとにする必要は

第5章　不正覚知後の危機対応

表 5.1　危機レベル判断（重大性判断）の目安（一般論として）

危機レベル	状況	対応体制	品質不正リスクの例示
3 (高)	当社事業に重大な負の影響が見込まれる状況	対策本部 （経営会議）	・意図的な不正行為が長年の慣習として定着していることが発覚 ・取引先・消費者に重大な影響あり ・内部告発等で社会的話題に
2	当社事業に負の影響があると一定以上予測される状況	リスク所管部署が主催する部門横断会議	・製造工程上の不適切行為が散発的に発覚 ・取引先・消費者に影響あるがごく軽微 ・内部通報による不適切行為の指摘
1	当社事業への影響が小さく、重大化するおそれがない状況	リスク所管部署 ＋ リスク発生部署	・製造工程上の不適切行為が単発で発覚（是正によって問題解決） ・取引先・消費者に影響なし（契約書・品質協定書の違反なし）

ない」と一喝することにより萎縮して、抗弁できなくなるかもしれない。

　再度申し上げるが、品質不正はどの企業でも起こり得る。読者の会社でもすでにその萌芽は芽生えているかもしれない、あるいはすでに悪しき慣習として現場で埋もれており、いつか日の目を浴びることになるかもしれない。そうなってからでは手遅れである。

　まずは自社の危機管理マニュアルの想定リスクとして、品質不正リスクを追加していただきたい。

　そのうえで、例えば一般論として、表5.1を参考に、自社の組織にカスタマイズした危機レベル目安を設定してみてほしい。これによって声の大きい人や読者自身の正常性バイアスを排除し、危機時の迅速対応を促進することができる。

5.2.3　事実・原因等の調査
(1)　初動調査と内部通報者の保護

　初動調査の時点ですでに、不正発生部門の責任者（工場長や現場品質管理部長）が主導して、最低限の調査を実施することもあるだろう。それらの情報をベースに、品質保証部門などが不正の裏付け調査を進めていくことになる。

　しかし、ただやみくもに関係者にヒアリングをしても非効率的であり、検査

記録やメール等のやりとりが破棄されるおそれもある。

　もし内部通報者にアクセス可能であり、協力を得られるのであれば、下記のような観点をもとに具体的通報内容を聞き取る。

《通報内容確認のポイント》
① 不正はいつから始まり、どの製品で（どの工場で）行われているか。
② なぜ不正が始まり、継続しているのか。
③ 不正に関与している人物は誰か。
④ どこを調査すれば客観的証拠を掴めるか。
⑤ 誰にヒアリングすれば事実関係の詳細を把握できるか。
※不正の存在を知った経緯についての深掘りは下記リスクあり

　その際、先述した2022年6月1日の公益通報者保護法の改正により、内部調査に従事する者の情報の守秘義務が厳しくなっていることに注意が必要である。

　調査者たる品質保証部門担当者等は、上記調査等を通して内部通報者を「特定させる事項」について漏えいしてはならず[5]、この守秘義務に違反すれば刑事罰（30万円以下の罰金）の対象になり得る[6]。具体的には通報者の氏名、社員番号はもちろん、性別などの一般的な属性であっても、当該属性と他の事項とを照合されることで、特定の人物が通報者であると判断できる場合は「特定させる事項」となり得る。

　したがって、例えば通報者を指して「彼が」「彼女が」といった性別を推定されるような発言をし、他の事項も含め総合的に判断して通報者が特定される事態になれば、公益通報者保護法12条に違反したことになる。

　また、上記ポイントに加えて「どのような経緯で不正の存在を覚知したか」という点も確認したいところではあるが、仮にそれを聞くとしても繊細な注意が必要である。当該通報の真正性を吟味するために、という思いは理解するが、根掘り葉掘りの質問は内部通報者に疑惑を抱かせることになる。

---

5) 公益通報者保護法第12条「公益通報対応業務従事者又は公益通報対応業務従事者であった者は、正当な理由がなく、その公益通報対応業務に関して知り得た事項であって公益通報者を特定させるものを漏らしてはならない。」
6) 公益通報者保護法第21条「第十二条の規定に違反して同条に規定する事項を漏らした者は、三十万円以下の罰金に処する。」

つまり、過去に通報者自身も不正に関与していたことを暴こうとしており、それを理由に組織的な問題ではなく通報者やその周囲の人間の個人的な問題として議論をすり替えようとしている（会社の落ち度を隠蔽しようとしている）のではないか、あるいは通報者自身の問題行為を把握することにより、通報者に人事的な報復を与えようとしているのではないか、という疑念である。そのような疑念を抱かせてしまう会社の対応は不適切なものであり、通報者を内部告発の道へと導いてしまう。アプローチの仕方には細心の注意が必要である。

(2) 詳細調査ではまず客観的事実を確認する

内外の通報者に接触し、不正の概要、調査すべき「ヒト、モノ」が明確になれば、いよいよ詳細調査に進んでいく。仮に通報者に接触できなかったとしても、現状の情報からある程度のアタリをつけて不正の事実確認を進める必要がある。このとき、調査の順序として「客観的事実（記録等のモノ）⇒関係者ヒアリング（ヒト）」、つまり記録等で客観的事実を確認してから、関係者から聞き取りを行う、という流れが原則であることを押さえておく。なぜなら、先に関係者にヒアリングをすれば、検査データやメール、チャットのやりとり等の記録が隠滅されるおそれがあるからだ。その点、やはり通報者からできるだけ具体的な記録のありかや押さえるべきヒアリング対象者の情報を聞き出しておくことが望ましい。あるいは逆に通報者側もあらかじめ具体的情報を提供していれば会社側が動きやすくなることに留意しよう（とはいえ、情報の具体性と通報者の匿名性はトレードオフの関係にあるが）。

(3) 全体像・詳細事実把握のポイント

上記のような注意をしつつ調査を進め、全体像及び詳細事実の把握を進めることになるが、その際は下記のような論点を意識しておくとよい。

---

① 品質不正がいつ、どの製品で（あるいはどの工場で）始まったのか。
② どのような不正なのか。
③ 不正の態様の観点
　□ 検査不正（データ改ざん、流用（他ロットや他製品から）、ねつ造　など）
　□ 無告知での特別採用実施（規格外品を正規品として正規価格で出荷

など)
　　□ 原材料や工程の無断変更(顧客に告げなかったのか？　社内でも告げなかったのか？　など)
　　□ サイレントチェンジ(不正行為自体は委託先や原材料購入先で発生し、それに巻き込まれたのか？)など
④　どのレベルのルールに違反したのかという**観点**
　　□ 法令違反(その場合具体的にどの法令のどの条文に違反するのか？)
　　□ 行政ガイドライン違反
　　□ 業界団体ルールや規格違反
　　□ 自社ルール違反
　　□ 顧客と約定した仕様、規格の違反
　　□ 明示的ルール違反ではないが慣習や常識への違反
　　□ その他
⑤　意図的か否かの観点
　　□ 違法又はルール違反とわかっていて積極的に不正を行った
　　　(**強い意図的不正**)。
　　□ よくないことだとわかっていたがやむを得ないと思って不正を行った
　　　(**不正であるとの認識はあった**)。
　　□ 法令、ルール等への抵触は気になったが多分問題ないと思って行った
　　　(**明確に不正とは思っていなかったが、もしかしたらとは思っていた**)。
　　□ 経験上ルール違反だと気づけるはずだが、特に問題意識を持たず不正を行った(**過失によって不正行為だと気づけなかった**)。
　　□ 組織ルールや上司の指示にしたがい通常業務として実施した(**ルール違反だと気づける余地はまったくなかった**)。
⑥　個人的な不正か、組織ぐるみの不正かの観点
　　□ 一人の担当者が主導して不正を行った(上長は見抜けず)
　　□ 複数の担当者が関与して不正を行った(上長は見抜けず)
　・上長も不正行為を認識していたがこれを
　　□ 了承していた　　□ 黙認していた　　□ 積極的に関与していた
　・工場長や工場品質管理部門も認識していたがこれを
　　□ 了承していた　　□ 黙認していた　　□ 積極的に関与していた
　・事業所管役員も認識していたがこれを

□ 了承していた　□ 黙認していた　□ 積極的に関与していた
- コーポレート品質保証部門も認識していたがこれを
 □ 了承していた　□ 黙認していた　□ 積極的に関与していた
- 社長などトップマネジメントも認識していたがこれを
 □ 了承していた　□ 黙認していた　□ 積極的に関与していた

※（委託先や原材料購入先の不正の場合は）
　□ 取引開始前監査や定期監査が形骸化しており不正に気づけなかった
　□ 品質不正リスクも監査項目に入れて注意を払っていたが先方が不正を意図的に隠ぺいしており発見できる余地がなかった

⑦　**不正が始まった理由（「不正のトライアングル（三要素）」の観点で）**
　1)　**【動機】の観点の例**
　　□ 納期に間に合わない　□ 検査コストが重荷
　　□ 怒られる／昇進にひびく　□ 「めんどくさい！」　□ その他
　2)　**【機会】の観点の例**
　　□ 書き換えが簡単　□ 顧客にバレない（顧客側での検査が難しい）
　　□ 上長や品管のチェックがない　□ 品証に現場知識がない　□ その他
　3)　**【正当化】の観点の例**
　　□ 安全性や機能性にはまったく問題ない
　　□ 会社の売上や利益を守るべき
　　□ もったいない、SDGsの思想に反する
　　□ 役員は口だけ、現場に来ない
　　□ 昔、納期優先して褒められた（今も褒められるはず）
　　□ とにかく納期遵守が会社と顧客のためになる
　4)　**不正継続の状況**
　　□ 不正の定着度合い　□ 不正行為の引き継ぎ状況
　　□ これに抵抗するアクションや批判はなかったか　□ その他
　5)　**不正行為の影響範囲**
　　□ 対象製品の範囲（種類、ロット、期間　など）
　　□ 直接影響を受ける顧客（顧客への出荷量、出荷額　など）
　　□ 顧客や消費者が受ける損害（顧客の売上、利益、消費者への危害　など）

6) 顧客、消費者、行政、内部役職員などからの指摘の状況
   （外部からのクレームや内部通報、内部告発などの状況）
7) 今後報告や協力が必要な行政機関、団体／想定される行政指導や懲罰など
8) 不正対象品を出荷していない顧客、消費者、株主などへの信頼影響
9) 今後の内部告発リスク／別の不正が発見されるリスク

　これらの観点で調査を実施し、把握できた事項優先、スピード優先で第一報、第二報というように報告書の完成度を少しずつ高めていくことが重要だ。調査結果報告を"それなりに"まとめてから経営陣に報告する、という発想は捨てる。そもそも第三者調査も完了して報告書を世に出した後に続々と不正の新事実が発覚する企業が後を絶たない。完璧な調査など存在しない。とにかく把握した事実から報告する（逆にわかっていないことが何かを明示しておく）ことによって、経営陣のスピーディな意思決定を助けることになるはずだ。

(4) 外部専門家への支援依頼

　前述のような社内の初動調査・詳細調査と並行して、あるいはそもそも品質不正の報告を受けた冒頭のタイミングで、できるだけ早く品質不正事案に詳しい法律家（弁護士）や外部コンサルタントに協力を仰ぐことをお勧めする。

　なぜなら、会社側主体の調査の場合、現場で起こった事象そのものと、直接的な原因についてはある程度明らかにはなるかもしれないが、その裏にある真因を探ることには限界があるからだ。特に、不正行為の背後にあると指摘されることがある経営層の不適切な意識・言動（利益至上主義、現場に無理を強いる言動等）を、社内調査で指摘することは困難だ。また、長年培われてきた悪しき社風というものも内部からは発見しにくい。さらに、内部通報者の保護をしながら会社の人間が調査を行い、客観性を担保することは非常に難しい。

　それゆえ、できるだけ早い段階で、第三者の専門家に協力を求める、自分たちだけの改善努力には限界があることを認識しておくべきだ。

　品質不正事案に詳しい弁護士を探すうえで手がかりになるのは、各社の品質不正事案第三者調査報告書である。この第三者調査に関与していた弁護士は依頼候補になり得る。ただし、過去の第三者調査報告書は世間から厳しく評価、吟味されているため、どの第三者調査に参加したのか、その評判とともに見き

わめる必要がある（過去の第三者調査報告書に対する評価については後述する）。

　なお、適切な弁護士が見つからない場合には、顧問弁護士にも相談しつつ、品質管理関連の業界団体やリスクコンサルタントに相談することも選択肢である。

　コンプライアンス違反の状況を客観的に整理し、法令やコンプライアンス上の課題を明確化するという点については弁護士への支援依頼は重要である。他方で、製造現場経験が長く品質保証知識に長けた技術系のコンサルタント、法的責任ではなく道義的責任へのアプローチや危機対応の知識に長けたリスクコンサルタントなど、幅広い外部専門家へ支援を求める姿勢も求められる。

5.2.4　経営陣を中心とした重要事項意思決定

　品質保証部門などが主導して上記初動・詳細調査を実施し、これを取りまとめつつ、その状況を経営陣に逐一報告する。報告を受けた経営陣側は、危機管理マニュアル等に従い、製品事故対策本部や経営会議を招集し、今後の基本的なアクションの方向性を定める＝重要事項の意思決定をスピーディに行うことが求められる。

(1)　会議体（対策本部）の招集

　危機管理マニュアルや製品事故対応マニュアルにおいて、危機レベルに応じた緊急意思決定のための会議体が定められている場合はそれに準じて、そうでない場合でも品質不正というリスクそのものの重大性に鑑みて、トップマネジメントを最終意思決定者とした会議体の招集を検討いただきたい。それは製品事故対策本部でも、臨時経営会議の場でも、他の会議体でもよい。ただし、品質不正という機微に触れる事案であるため、招集者の選定は慎重を要する。

　不正事実や経緯、原因の究明が十分でない段階では、社長含め代表権ある役員、品質保証担当役員、リスクマネジメント、法務担当役員等のみを招集することも一考である。考えたくはないが、設計開発、製造、営業担当役員の一部が、品質不正の事実を黙認していたり、関与したりしている可能性もゼロではない。彼らが保身のために意思決定をねじ曲げるリスクは考慮しておく必要がある。

　それゆえ、事業部系のメンバーは一旦招集せず、上記コーポレート系のメンバーで調査の進捗状況を厳に把握しながら、今後、どの段階で招集者を拡大す

るか、どの段階で顧客へ報告しどのような折衝を開始するか、また内外への発信をどのように行うか等、大まかな対応基本方針を定めることが現実的な場合もある。

(2) 対応基本方針の決定

メンバーの選定には留意するとして、今後の危機対応の**基本方針をトップマネジメント主体で決定する**ことが重要だ。意思決定が求められる重要事項は下記の「(3)今後の調査方針(第三者調査委員会設置検討)」以降に目白押しであるが、その前提となる考え方である。

現時点の調査結果が重大な品質不正(例えば検査データの改ざんが数年にわたって継続しており因習化している)の存在を強く示唆しているならば、下記のような点について基本方針として定めることを提案したい。

《品質不正がある場合の対応基本方針》
① 危機対応の要諦を再認識する、すなわち、
　・会社存亡がかかっていると認識して全社で対応する。
　・隠し通すことはできないという覚悟をもつ。
　・迅速性と誠実性が成否を分けるとわきまえる。
　　※特に安全にかかわる不正の場合は迅速性を優先した製品措置や対外対応必要
② 徹底的に事実と原因を調査し、膿を出す信念を持つ。
③ 効果的な再発防止策を立て、未来にわたって継続し、改善し続ける。
④ 直接影響する顧客への説明が何より重要であり、その意向を尊重する(広報対応の前にまず顧客対応)。
⑤ 顧客、株主、行政、世間(マスコミ)だけでなく、自社の社員も重要なステークホルダーであることを忘れず、説明し続ける。

このような基本方針をもとに、個別の意思決定事項を検討していく。

(3) 今後の調査方針(第三者調査委員会設置検討)

前述した社内の、あるいは外部専門家のサポートを受けた初動・詳細調査によって品質不正行為そのものの事実関係や経緯、直接的な原因は一定程度明ら

かになったかもしれない。

しかし、すでに指摘したように、表面的な事実や直接的原因の裏にある真因、特に経営層の意識・言動、社風という不正行為の根源については、身内を中心とした内部調査だけでは明らかにすることは難しい。

そこで、大きく報道されるような品質不正事件を起こしてしまった企業では、「第三者調査委員会」を立ち上げて、専門的かつ客観的な立場から物的証拠集めやヒアリングを行い、「第三者調査委員会報告書」としてまとめてもらうというアプローチを取ることが多かった。この調査報告をベースに不正原因を振り返り、再発防止策を打つという方法が、すでに大企業不正案件の"様式美"と言える程度に定石化している。

筆者もこの方法の有効性を否定するところではない。過去の事例を見ても素晴らしい調査報告が出て、これを踏まえて不正経緯や原因を真摯に説明し、再発防止策に取り組んできた企業は多数ある。

筆者が言いたいのは、右にならえ、で「第三者調査委員会」と名の付く組織体を立ち上げればそれでよいのであろう、という安易な考えは危険であるということだ。

① **企業等不祥事における第三者委員会ガイドライン**

この点、日本弁護士連合会（日弁連）が、「企業等不祥事における第三者委員会ガイドライン[5]（以下、「ガイドライン」）」を策定している。最低限これに則した委員会の人選、調査活動、報告書作成、公表を実施しなければ、世間的にはまっとうな第三者委員会とは認められない可能性がある（もちろんガイドラインに法的効力がある訳ではない）。

まずは人選の問題である。そもそも第三者調査委員会を設置する趣旨からして、中立性と専門性を兼ね備えた人物が必要である。

この点、中立性の観点から、自社の顧問弁護士や社外取締役が適任であるか、まず明らかにしておきたい。

顧問弁護士は、会社と顧問契約（委任契約）を締結し（年単位の場合が多い）、会社が抱える法的問題について、基本的には会社側の立場で、会社側に利益になるようアドバイスする業務である。長年同じ法律事務所の弁護士が自動更新している場合が多く、会社との関係性は親密であると言える。もちろん、役員や一般社員のように会社への忠実義務はないが、外部からは会社利益の守護者とみなされることも多いであろう。

5.2 発覚後の初動対応

ガイドラインにおいても、上記事情を踏まえて「顧問弁護士は、「利害関係を有する者」に該当する。」と明記されている[5]。第三者委員会の中立性や客観性をアピールしたいのであれば、いかに優秀であっても顧問弁護士は委員に加えるべきではない。

他方、「企業等の業務を受任したことがある弁護士や社外役員については、直ちに「利害関係を有する者」に該当するものではなく、ケース・バイ・ケースで判断されることになろう。」との記述があり、顧問弁護士と会社との距離感とは別である旨記載がある。ただし、「調査報告書には、委員の企業等との関係性を記載して、ステークホルダーによる評価の対象とすべきであろう。」とも注記されている。会社の内実をよく知っている、あるいは専門性が高い、という意図で委員に就任してもらったとしても、世間は「身内であるか否か」を重視し、「身内であるがゆえのお手盛り評価」がないかを厳しくチェックする。正々堂々と過去の関係性を記載しておかなければ、後になって濃密な関係があったことが表沙汰になったときに、スキャンダラスに報道され、危機対応失敗の原因になり得る。

また、専門性という観点で言えば、「外部専門家への支援依頼」でも述べたように、過去にも他社の第三調査委員会に参画したことのある弁護士などはその候補となり得る（品質不正調査に関与したことのある弁護士は限られているため、過去の経験は貴重である）。ただし、これも先述したように、過去の第三者調査委員会やその報告書は、世間から厳しく内容を評価されているため、単に関与経験があるか否かで判断することは危険だ。

なお、品質や工場現場の知識（技術的知見だけでなく工場職員がおかれている状況への共感）、道義的問題、危機管理を通した信頼性維持という別の観点から委員の人選を考えた際には、弁護士だけでなく、現場がわかる技術系の専門家やリスクコンサルタントも委員候補として検討すべきであろう。

この点ガイドラインにおいても、委員の適格性として「第三者委員会の委員となる弁護士は、当該事案に関連する法令の素養があり、内部統制、コンプライアンス、ガバナンス等、企業組織論に精通した者でなければならない。第三者委員会の委員には、事案の性質により、学識経験者、ジャーナリスト、公認会計士などの有識者が委員として加わることが望ましい場合も多い。この場合、委員である弁護士は、これらの有識者と協力して、多様な視点で調査を行う」とある。コンプライアンスに強い弁護士が中核となりつつも、品質、工場現場、

第5章　不正覚知後の危機対応

組織改善、危機管理に強い多様な専門家のチームによる組成を提言している。

他方、上記人選に合理性があったとしても、肝心の調査活動や報告書の内容やその提示方法に問題があればやはり世間からの評価はおぼつかない。

例えば、以下のような問題がなかったかどうかを確認する必要がある。

《調査活動・報告書についての確認事項》

① 調査活動の期間は適切であったか。短すぎて十分な物的証拠収集やヒアリングができなかったのではないか。

② ヒアリング対象者の選定は適切であったか。不正の実行者と疑われる担当者だけでなく、その同僚、先輩、上司、事業部門長、品質保証部門、経営者、関係する退職したOBの話も聞けたか。

③ 工程や検査に関する技術的事情や、さらには同社の置かれた内外環境を理解したうえで調査ができたか（単にこれらに対する一般論としての知識があるだけでなく、同社における個別事情を理解して調査しているか）。

④ 発生事実の表面的、直接的な原因だけでなく、その裏にある、積み重なった悪しき社風、コミュニケーション問題、上司のリーダーシップ適性と知識、部門内外の年齢構成のいびつさ、当時置かれていた組織や社員の状況（生産拡大による多忙か、斜陽事業か）、コーポレートと事業部門の日常の距離感、品質コンプライアンス教育の実態など、複数の視点から真因と言えるレベルまで掘り下げた原因分析ができたか。

⑤ 調査結果について複数の別分野の専門家も交えて検証し、社内限りにすべき内容と社外に公表すべき内容を吟味できているか（プライバシー、顧客への影響、社員の士気への影響等複数の視点から）。

このように、調査委員の人選や調査結果は非常に重要であるが、調査の集大成として各社が作成、公表してきた品質不正や不祥事に関する第三者委員会報告書について、評価（格付け）を行う団体がある。弁護士、学者、ジャーナリストで組成されている「第三者委員会報告書格付け委員会（以下、「格付け委員会」）」[6]である。その評価結果はニュースになるほど影響力がある。

過去の代表的な品質不正事例の報告書についても、格付け委員会の評価は深く、厳しい。例えば、2010年代後半に発生した品質不正事案の報告書につい

5.2　発覚後の初動対応

てもいくつか格付けされている。
　ある報告書は非常に低く評価されているが、その理由は以下のとおりである。

《報告書が低く評価されている理由》
【ある報告書格付け評価の「議論のポイント」より】
① そもそも第三者調査委員会ではなく顧問弁護士を含めた社内調査委員会で済ませている。
② 委員の独立性と専門性が欠けている。
③ 調査範囲が狭すぎる（経営者ヒアリングなし、内部統制やガバナンス調査なし、対象案件以外の調査なし、発覚経緯調査なし）。
④ 「原因分析や再発防止策が通り一遍で浅薄である」

【別の報告書格付け評価の「議論のポイント」より】
① 委員となった弁護士や所属法律事務所と当該社の利害関係が不明確である。
② 調査チームに当該製品の製造に関する専門家がおらず、専門性が不足している。
③ 調査期間が非常に短い。
④ 調査範囲が狭く、調査結果が定型的記載の繰り返しである。
⑤ 公表後の違反行為の継続について通り一遍の調査しか行われていない。
⑥ 再発防止のために「具体的に何をすべきかは○○の外部にいる当職らにおいて提言することは困難」というのは調査チームの職責の放棄に等しい。

　他方で、よい報告書には率直にその旨の評価がされている。ある品質偽装案件を起こした企業の第三者報告書については、「(調査)委員の独立性と専門性、調査スコープの的確性、事実認定の説得力、原因分析の深度、再発防止提言の実効性などの諸点で、すべての(格付け)委員が本調査報告書を高く評価しており、第三者委員会報告書のお手本という評価を与えている」と、当該事案格付け評価の「議論のポイント」に記載がある。
　実際、この企業の第三者調査においては、当該社及び親会社役員ら45人に合計61回のヒアリングを実施している。また、関係役員らのPCやメールサ

第5章　不正覚知後の危機対応

ーバーから系61万件におよぶ過去のメールや添付ファイルを抽出し、削除されていたものは復元させるまでの徹底ぶりであった。また現役役職員計約600人を対象にアンケートも行っている。このような徹底した調査から、過去にも偽装行為が存在しその対応が不十分だったという不都合な事実まで明らかにし、原因分析、再発防止策についてもきわめて深い検討がなされたのである。

(4) 顧客への報告と対応方針
① 報告しないことのリスクを冷静に判断

すでに初動調査の段階において、ある程度の不正事実、経緯、推定される原因、さらには、どの顧客向けの、どの範囲の製品に、どのような種類の不正があったのか（法令違反、顧客と約束した仕様違反など）、安全性や機能性への影響はないか、ということは把握できているはずである。

安全性や機能性に影響がなかったとしても、法令違反や顧客と約束した仕様違反（製品そのもののスペックだけでなく、原材料や製造、検査工程も含む品質協定違反）があれば、契約に違反した状態であり、債務不履行（不完全履行）の状況に陥ることとなる。シンプルに「お客さまとの約束を破った」状態である。

そうであれば、契約を破ったものの責任として、上記の違反状況、不正状況を取り急ぎ報告し、今後の対応について顧客の意向を最大限尊重しながら相談をする、という方針が原則となろう。

そして社内報告と同様、報告の具体性や網羅性とともに、迅速性が求められる。

さて、すでに述べたように、「ただ一度のささいな工程違反や仕様違反であって、安全性、機能性含め顧客の最終完成品や消費者にまったく影響がない」「該当する製品もごくわずかだ」というものまで報告すべきか、はしばしば問題になる。「報告したところで誰もハッピーにならない（報告する側も、される側も）」というのが実務者の方々の実感ではないだろうか。正直なところ、社内外でのめんどうなやりとりが増えるだけの場合もある。

とはいえ、その1回を報告しなかったことで、「次のもう1回もまあよいだろう」ということになり、さらに慣習として定着するリスクは常にある。また、その意思決定過程を見ている者に内部告発をされるリスクもある。

不正の悪質度合、頻度や影響度、その定着度合い、そして先に述べた常習化のリスクを冷静に評価しながら、あくまで原則に忠実な判断をすることが求められる。

原則どおり第一報の報告をすれば、当然のことながら顧客側からは品質不正事案の事実経過、原因、影響などについて、続報の提出、営業担当役員等による詳細な説明が求められることになる。場合によっては調査に参加させる旨の要求が来るかもしれない（契約による）。そして調査結果を踏まえて、影響する製品の措置、リコール費用、損害賠償、再発防止策の徹底、今後の契約継続（運よく継続できたとしても品質協定内容や不適合責任条項が厳しくなることは甘受せねばならない）、そして社会への公表に関して、さまざまな要求が想定される。

② 顧客要求の想定と自社スタンス確認

顧客がどの程度製品措置に関する要求をするかは、不正が製品に与える影響度合いはもちろん、サプライチェーン上での自社の位置付け、これまでの信頼関係、そして今回の不正にどの程度向き合い、どのように改善していこうとしているかの姿勢によって変化してくるであろう。そして何より、当該顧客のサプライヤーに対する基本姿勢が反映される。同じ過ちを犯したとしても、あるいは各"系列"において同様の立ち位置だったとしても、顧客によって要求する製品措置レベル、あるいは制裁措置が大きく変化しうる、ということである。

具体的な事例として、部品メーカーであるA社とB社が直面した顧客要求の違いについてお話ししよう。A社とB社は、同種の部品を製造しているが納品先は別だ（つまり別系列だ）。そしてA社B社とも同時期に、最終製品の機能に影響する製品トラブルを発生させた。どちらも、海外の原材料供給元が原材料をサイレントチェンジしたことが原因であった。したがって、自社の品質不正事案というより上流サプライヤーの不正に巻き込まれた案件である。

このトラブルによって、両者の顧客（納品先であり完成品メーカー）はリコールの実施を決定した。

A社の顧客は、A社が海外サプライヤーに対して監査が不十分であったことを厳しく指摘し、その責任にもとづきA社にリコール費用の負担を求めた。しかし、顧客自身の管理不足についても思いを致すとともに、これまでのA社の貢献を高く評価していたため、リコール費用の負担は50％で構わない、それでまた頑張ってやっていこう、と話を持ち掛けてきた。A社はありがたくこの提案を受け入れた。

B社の顧客も、B社の海外サプライヤーの管理不足について厳しく指摘しリコール費用の負担を求めた。しかしA社の顧客と違うのは、リコール費用の

100％負担を要求したことである。B社は当時財務的に厳しい状況であったため、これまでの貢献も踏まえて減額してほしい旨を申し入れた。しかし顧客は売買契約書におけるリコール費用支払い条項を盾にして、頑として減額の申し入れを受け入れなかった。つまり、情状酌量の余地がなかったのである。結局B社は、数年間に渡ってリコール費用を弁済し続けることとなった。また、その後の納入数量も大きく減少させられることとなった。

　このようにA社とB社は同様のトラブルを起こしながらも、製品措置に関する顧客からの要求度合いが大きく異なった。もちろん顧客側の財務的余裕、折衝担当者やその上席者、役員の属人的な姿勢にもよるであろう。

　ただ言っておきたいのは、品質不正の報告をすると意思決定したのであれば、顧客の特性を踏まえ、どこまで自社側に製品措置アクションや費用負担の要求があり得るか、最悪の前提で見積もっておく必要があるということである。そして、その場合に自社の落ち度を踏まえながら甘んじてその要求をすべて受け入れる方向性でいくのか、あるいは折衝を重ねて減額を要求する方向性でいくのか、基本的なスタンスを決定しておきたい。

　いずれにしても、顧客への報告が何より優先であり、そのうえで顧客の要求を最大限尊重しながら製品措置、金銭負担、再発防止策検討と徹底、そして外部公表実施について検討していくことが求められる。

　ある品質不正事案では、特定顧客への出荷製品の検査結果について、顧客との合意とは異なる方法で数年間記録されていたことが社内調査で明らかになった。本件では、検査結果そのものは顧客と取り決めた規格の範囲内にあった。しかし、本来は全検査結果の平均値を記入すべきところ、規格公差の上限・下限に近い検査結果を除いたうえで、規格中央値に近い検査結果のみの平均値を記録していたのである。つまり、検査側が製造部門や営業部門に忖度し、品質上の"お化粧"をしてしまった事案であった。

　同社では他にも製品品質が問題視される事案が発生しており、経営側は自社の信頼に大きくかかわる問題であると判断し、ただちに検査不正の状況を報告した。その後、顧客からの厳しい問題点指摘、複数回にわたる報告書の提出、社長以下役員の説明訪問、品質協定書の見直し、徹底した再発防止策の教育と実施担保等、品質保証部門と営業部門中心に現場は半年近くにわたって対応に苦労した。しかし、スピーディな第一報の報告と、誠意ある対応が功を奏し、最終的には再生産品の納入のみで収まり、その他の金銭補償は免除となった。

また当時品質不正が社会問題として大きく取り上げられていた時期でもあったが、世間への公表も不要である旨、顧客と合意するに至った。

　今回はあくまで顧客との検査記録方法に関する合意の違反であり、法令違反はもちろん、製品品質そのものが顧客との約定から逸脱するものでもなかった。不正の程度としてはやや軽めであり、顧客への影響もない事案であったため、顧客側の追及の矛先が鈍かった可能性もある。しかし、発覚後の誠実かつ迅速な危機対応も、顧客側の意思決定に影響したと推察される。

(5)　行政への報告

　業法違反はもちろん、品質不正の態様が法令違反にかかわるものであるなら、所管省庁（具体的には各地域の出先機関など）や都道府県などにも報告することが求められる。遅くとも社内である程度の調査が進み、重大な、あるいは慣習的な品質不正がほぼ間違いなく起こっていると認識した段階では報告検討が必須である。あるいは、「一旦覚知した事案について報告した後も、不正が続いていた」場合や「別案件での不正が発覚した」場合、続報を報告しておくことが望ましい。また、**マスコミや世間に公表するよりも先に監督行政に対して報告することが必須**である。行政が報道によって初めて問題を知った、という状況は何としても避けたい。

　特に当該不正が内部通報や外部からの指摘で明らかになった場合にはタイミングが重要である。手をこまねいていると会社に失望した通報者が直接行政機関へ内部告発をする可能性がある。内部告発され、しかもそのことが行政側からリークされて重大な信頼低下をこうむる前に、先んじて行政への報告を意思決定しておこう。

　過去のある事案では、品質不正事実の重大性（法令違反の程度は低かったが習慣化していた点）を認識していたにもかかわらず、製品そのものへの悪影響がなかったがため、行政への報告をしないという意思決定をした。しかし、この経緯に納得がいかない社員が正義感から所管行政組織に告発をした事例があった。

　また、別の事案では、一度覚知した品質不正について調査を完了し、その報告を行政側に行った後にも、不正が継続して行われていたという事実があった。会社側はこの状況を覚知したにもかかわらず行政への報告を怠った。そうすると、この経緯を知る社員がやはり所管行政に内部告発を行った。

行政側としても再発防止策も含めた行政指導や指示を行ったはずであるのに、これを無視するかのような事態が継続していれば、まさに「メンツをつぶされた」形になってしまう。特に社会問題化する可能性のある事案については非常に神経質である。

彼らの監督行政をスムーズに遂行させるためにも、できるだけ早期に報告を行うとともに、誠実に続報を出し続け、その指導に真摯に従うべきである。これによって後になって「はしごをはずされる」事態から遠ざかることができる。

(6) 原因分析と再発防止策（教育、システム、そのベースとなる社風改善含む）

本項の具体的な内容については、第4章「品質不正を予防するために」において詳述している。品質教育、工程、検査システム、社風など、課題とすべき論点は複数あるが、経営陣としては調査の結果浮き彫りとなった原因、真因を踏まえながら、特に力点を置くべき再発防止策の方針を決定する必要がある。

ここで強調したいのは、社内調査や第三者調査によって明らかになった原因について経営陣自身がしっかりと把握し、自分自身の哲学や行動が不正に影響を与えたのではないか深く反省・分析したうえで、本当に実効性ある再発防止策の方向性を決定してもらいたいという点である。

品質第一を日頃から謳いながらなぜ今回のような事態を招いたのか、トップ自身の言葉が上っ面だけではなかったか、トップが現場をまわって工員たちとコミュニケーションをとり、品質の重要性を説き、ものづくりを担う一員としてのプライドを植え付けさせていたといえるか、振り返ってもらいたい。

あるいは、現場を巡回しても挨拶をしていなかったのではないか、上から目線での物言いが過ぎてはいなかっただろうか。または、生産が拡大しているものの、設備投資を怠り、社員に対する過重労働のみで対応していなかっただろうか。

これら深い自省があったうえで、表層的ではない、真に自社の課題に合った再発防止策、さらにはその手前の社風改善策、社員が自社を好きになり、誇りを持てるようになるような方針や施策を決定しなければならない。

(7) 有事広報対応方針

対応基本方針の項ですでに述べたように、「直接影響する顧客への説明が何より重要であり、その意向を尊重する（広報対応の前にまず顧客対応）」ことが

重要である。また、行政への報告も広報対応より前である。

　原則として、「顧客対応＞行政対応＞広報対応」であることをまずはおさえておきたい。昨今は有事広報への備えが広く説かれるあまり、広報対応がすべてに優先するのではないかという心得違いが散見される。しかし冷静に考えると、もっとも影響を受けるステークホルダーを優先すべきことが常識であり、合理的で道義的である。なお、安全に直結するような不正であれば、消費者の安全確保を最優先にするために、緊急での広報対応が求められることは当然である。

　また、品質に関するすべての不適切な取扱い事案について公表をしなければならない、というものではない。偶発的で不正の度合いが小さく、製品の機能性や安全性に影響せず、また法令違反や業界ルールへの違反がないものについては、顧客が納得するのであれば積極的に広報を行う意義は小さい。内部告発リスクという点でも、正義感あふれる社員が問題意識を持つのは、一つひとつの不適切事案というよりも、それらが積み重なって慣習として定着している状況なのである。

　では、具体的にどのような状況であれば公表をすべきであろうか。筆者の過去の経験を踏まえると、下記のような観点が公表要否の判断要素としてあげられる。なお、これは有事広報一般論における考え方であり、品質不正に限ったものではない。

(8) 公表「要否」の判断要素
① 重大性の高さ

　事案の重大性が高く、公表する社会的使命があると思える場合には、当然ながら公表の必要性が高い。

　具体的には、当該事案によって消費者や顧客の人的または物的な**被害が拡大**する可能性が高い場合である。被害の拡大を少しでも抑制するために、世間に公表して具体的な行動をお願いすることが求められる。例えば重大な製品事故や不特定多数の食中毒が拡散する状況がこれに該当する。現時点ですでに被害の程度が大きい場合や、新たに多くの被害が発生する可能性が高ければなおさらである。

　また、被害程度にかかわらず、当該事案での**悪質性が高い**場合にも、各種ステークホルダーに公表することにより、会社としてこれに向き合う姿勢を示す

ことが重要だ。

　これは品質不正の場合には特にあてはまる。悪質性が高い事案、あるいは悪習が社風として染みついていて個々の事案の悪質性が高くなくても多くの部門で同様の不適切事案が起こっているような場合である。会社がこのような状況を覚知したにもかかわらず、外部に何も公表しようとしないのならば、社員たちは自分の会社に失望してしまう。すでに何度も述べた内部告発リスク（行政への告発、SNSでの突然の告発）を助長してはいけない。

② 　社会的評判の状況

　現状すでに世間の話題になっている場合においても、改めて自社から積極的に公表する必要性が高い。

　具体的には、評判が低下している事態、あるいはいわゆる"炎上"状態が発生している状況である。例えば、報道やSNSなどのネット上でネガティブな世論が形成されているような場合、発生事態に対する対応遅れや企業の社会的責任に反するような発信、経営層の失言があった場合、また、高齢者や乳幼児等社会的弱者が取り分け多く被害にあっている場合がこれに該当する。

　また、評判低下の際によく見られるが、間違った情報が伝播している場合も積極的な広報対応が必要である。特に会社に不利益な情報が広まっていれば、その内容が誤っていることを訂正する発信を行なわなければならない。

　以上のように公表要否の判断の際には、「①重大性の高さ」や「②社会的評判の状況」が大きな判断要素になることを認識しておきたい。これ以外にも、事案の注目度、希少性、熱狂性、人間の心理に訴えかける不快なテーマか否か、という要素もあるが、要はこれらも世間の耳目を集めやすいか否かという観点である。まずは重大性と社会的評判状況という2点をおさえておけば大過はないであろう。

　なお、いったん「公表不要」と判断した場合でも、その後の世論の変化をモニタリングし、あるいは不正調査の進展を見守りながら、必要に応じて再度公表判断を行うことが望ましい。過去の事案でも、覚知した事案の対応が終わったと思った途端、別事業でも不正があった、他でも……というように芋づる式に不正が発覚することがあった。各々の局面で自社の置かれた状況を再評価し、公表に関する基本方針を柔軟に変更していただきたい。

　では公表が必要であると判断したとして、どのような手段で公表すればよいか、ということが次の論点になる。

5.2 発覚後の初動対応

公表手段の選択にあたっては、各手段が持つ緊急発信力や拡散伝達力を踏まえ、これに対応できる公表手段を選択する。ただし、各手段のデメリットについて留意しつつ公表準備を行うことが必要だ。

図 5.5 にて、緊急発進力を縦軸に、拡散伝達力を横軸に置いたとき、それぞれの公表手段がどのような効果を持っているかのイメージを整理した。

(9) 公表「手段」の選択
① 緊急記者会見

重大かつ広範な被害が発生し、さらに被害が拡大する可能性があるときには、「広く」「早く」伝えることができる(多数のメディアから国民へ一斉発信)ため、被害拡大防止のために有効といえる。

また、具体的被害が発生しづらい過去の品質不正事案のような場合であっても、社会的な評判の低下や社内外に混乱が発生し、社会的関心事となった場合には緊急記者会見を実施する意義がある。なぜならば、事案の重大性(重大で

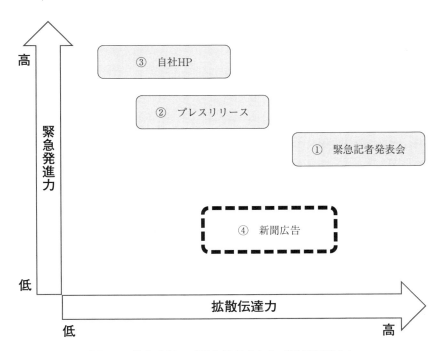

図 5.5 公表手段の「緊急発信力」と「拡散伝達力」

あると会社が考えているという姿勢)、真剣さ、真摯な姿勢が伝わるため、混乱鎮静化のために有効であるとともに、押し寄せるメディアに一括対応が可能であるからだ。

　一方で、デメリットとして、効果が大きい分、失敗するリスクも大きいということがあげられる。登壇者の説明が不十分(情報過少、論理性や説得力不足)、質疑応答を通して登壇者の誠実さが伝わらないなどの理由により、逆に社会的評判を急降下させるリスクがある。成功すればその効果は大きいが、登壇者の技量やキャラクターが成否を分けることを肝に銘じておく必要がある。

② **プレスリリース**

　本来は緊急記者会見を開くべきだが、準備できないタイミングでの一報、二報を発信したい場合や情報が少ない場合に有効といえる。「随時」かつ「端的に」「正確に」発信できるため、本来の会見実施などに先んずる迅速かつ積極的な情報公開の姿勢を見せることができる。また、被害拡大防止や混乱鎮静化の必要性は高くないが、広範囲のお客様や取引先に対して説明することが求められる場合にも有効である。

　一方で、プレスリリースを出したとしても記事化されるか、報道として取り上げられるは不確実であり、必ずしも広範囲の利害関係者に伝達されるとは限らない。説明責任を果たしている事実を明示するため、少なくとも自社ホームページに同内容の文書を掲載しておくことが望ましい。

③ **自社ホームページ**

　とにかく迅速な情報発信が必要な場合、例えばすでに社会的問題になっていたり、問合せが殺到していたりする場合に、最低限の情報を発信する手段として活用できる。また、今後SNSやWEB上で内部告発等の投稿のおそれがある場合、ネットニュース含めマスメディアで記事化、取材等が予想される場合にも、先手を打っておくという点で有効である。

　さらには、積極的に公表する必要性が低い場合でも、最低限の説明責任を果たしたという事実を残すことにもつながる。

　品質不正事案にあてはめて考えると、そこまで悪質性が高くない場合や、すでに顧客や行政との間でも折衝が終わっていて、記者会見を開いてまで自社の姿勢をアピールする必要性が高くない場合に活用することが想定される。

　ただし、他者が能動的に動いてアクセスしないと発見できないため、積極的な情報発信手段にはならないことはわきまえておきたい。

5.2 発覚後の初動対応

④　新聞社告（あくまで参考）

　重大かつ広範な被害が発生している場合には、他の公表手段と併用して危害を周知し、消費者に行動してもらうための手段として検討の余地はある。主な新聞購買層である中・高齢者層には、比較的情報が伝わりやすく、品質に起因する重大事故の告知手法として認識されているため、誠実な情報提供姿勢を示すことができる。

　ただし、非常に掲載費用が高額（1紙100万円～）にもかかわらず、新聞購読者数の低下により中・高齢者層以外への周知という点での有効性は限られている。

　また、品質不正を前提に考えた場合は、リコール隠し事案のように実際の危害が予想される場合以外には、その有効性を発揮できないかもしれない。品質不正事案においては、事案の経緯や原因についてしっかりと説明することが重要であり、新聞社告はそのスペースが限られていることから、発生経緯や再発防止策をしっかり説明するという点では不向きである。むしろ会見、取材、プレスリリースなどから記事化してもらうほうが望ましい。

　なお、読者の中には、前掲した図中に「SNS」という公表手段が記載されていないことについて、疑問に思われる方がいるかもしれない。もちろん、安全にかかわる不正であって製品事故のおそれがあるのならば、迅速性優先でSNSを活用することが望ましい。また、安全性に影響がなかったとしても、広く公表する事実を世間に伝えるために、SNSを活用することは重要である。

　ただし、**SNS**「**単体**」で品質不正に関する事実や原因、会社方針について発信することにはリスクがある。拡散性のあるSNS、特にX（旧Twitter）は原則として短文であって、最初の投稿だけでは言いたいことが伝えきれず、タイムラインに埋もれてしまったり、リプライや引用リポストによって意図しない"炎上"事態に発展したりする可能性がある。

　SNS上では、①～④のような公表をする、という事実のみ発信することが妥当だ。2024年時点ではこれが原則である。端的な謝罪コメントとともにHPニュースやプレスリリースのリンク等を掲載することを基本とし、自社アカウントを起点とした"炎上"事態を導かないよう留意しなければいけない。

　以上、「(8)　公表「要否」の判断要素」を参考にしてそもそも公表をすべきか否かの判断をしたうえで、【公表「手段」の選択】を踏まえ、そのタイミングや公表手段についても方針を決定することが必要である。

第5章　不正覚知後の危機対応

(10)　その他の確認事項、意思決定事項

以上のような事項の意思決定が特に重要となるが、下記の点についても留意しておきたい。

① 従業員への報告

特に危機発生時においては、重要なステークホルダーとして従業員、社員が存在することを忘れがちである。

過去、複数の品質不正案件や製品事故案件を目の当たりにしてきたが、ほとんどの場合、社員は報道によって当該事実を初めて知る、という状況であった。そして軒並み会社に対するロイヤリティ、士気が低下し、転職をしていく社員も続出した。日頃、社員を大切にすると謳っておきながら、これほどの会社の重大事をなぜ事前に知らせてくれなかったのか。会社は自分たちを何だと思っているのか。そのような声を多数聞いた。

報道発表の10分前でもよいので、可能な限り報道によって社員が知るという事態は避けたい。

また、顧客や行政との合意の下に世間への公表はしないという意思決定をした場合においても、従業員への報告については一旦その必要性を検討することが求められる。悪しき慣習になろうとしている不適切事案があるなら、それをありのままでなくとも社内で共有し、ともに再発防止を徹底しよう、という誠実な姿勢を見せるべきである。

過去に発生した品質不正（法令違反）事案でも、外部公表はしなくても少なくとも社員には共有し、会社として行いをただすべきだったのではないか、という社員が、義憤の下に監督行政へ内部告発した事案がある。

もちろん、従業員に共有すればそこから情報が漏れ、外部に知られてしまうことへのおそれも理解する。一方で、社員の内部告発リスクや会社へのロイヤリティへの影響も考えて、状況に応じた判断をすることが求められる。

② IR（Investor Relations）対応

顧客折衝の結果、リコールなど製品措置の実施が必要となる場合は、自社やステークホルダーへの影響がどの程度となるか事前に把握しておく必要がある。財務的な影響のみならず、自社のブランドや知的財産、人的資本、環境といった非財務的な資本への影響も情報開示の対象となっている。なお上場企業の場合は、各証券取引所のルールに従って、適切な情報開示をする必要がある。事業停止や重大な損害発生という事実とともに業績予想の修正など重要な影響が

③　グループ内部統制システムの構築

　過去の品質不正事案においては、グループ会社において発覚した不正が、なかなか親会社に報告されず、結果として発覚後の対応が遅かったとしてステークホルダーからの批判を浴びるケースが散見された。再発防止策の一環ともいえるが、現状のグループ会社の管理規定や有事報告ルールを定めた危機管理マニュアルを再確認し、品質不正テーマがそれらの中に明示されているか確認することが必要だ。また報告対象事項として、漠然とした"不祥事"や"重大製品事故"というインシデントがあげられているかもしれないが、メーカーや、製品を扱う企業の場合はそれでは不十分だ。不祥事といえば一般的には役職員の金銭不正、贈賄、不倫報道等をイメージする方が多く、品質にかかわる事件を不祥事として結び付けることは難しい。

　一方で重大製品事故といえば、従来の性善説に立った過失による製品事故発生のみ思い浮かんでしまう。明確に製品やサービスの品質不正を報告対象インシデントとして定義しておくことをお薦めする。これにより、親会社の問題意識をグループ会社にも共有しておくべきだ。また、このような新たな報告ルールをもとに、グループ会社の役職員全員を対象とした品質不正リスク啓発教育といったコンプライアンス教育を進めることも重要になる。

5.2.5　方針に則った危機対応

　前項で決定した方針にもとづいて、各部門が役割分担のもと、さまざまな危機対応を進めていくことになるが、ここで経営層が注意しておかなければいけないことは、各部門の担当者や管理職における過度の心身の疲労があげられる。

　まず、顧客への報告や製品措置に関する折衝を担当する営業部門のメンバーだ。不正対象製品の納入先担当者はもちろん、それ以外の営業担当者も、非常に辛い状況に追い込まれることを理解しておく必要がある。

　過去のある品質不正事例では、不正対象製品の納入先へ報告・謝罪に訪問した際に、持参した見本製品を投げつけられる、ということがあった。他にも、顧客に営業訪問した際に「あ、詐欺師が来た」というように犯罪者のように扱われたこともあった。このように、人間としての扱いさえしてくれない状況に社員が追い込まれることを知って置く必要がある。

　また、製造現場、設計開発、品証、品管のメンバーは、直接的な原因調査は

もちろん、すべての工程記録や検査データの洗い直し、品質不正の実態の取りまとめを行いつつ、第三者委員会の調査や行政の立ち入り検査に対応していかなければならない。夜遅くまでの残業はもちろん、負の行いの洗い直しを行っているという現実を目の前にして、心身は極限まで疲弊する。

そして全社員に共通することだが、家族や友人、さらには地域の人々から、表面的な心配とともに、「あなたの会社大丈夫なの？」という言葉を投げかけられたり、「あなたも不正に手を染めていたのではないの？」という疑惑の目向けたりすることになる。普段ランチを食べに行く食堂の気のいいマスターでさえ態度が変わったという。

このような状況に、多くの社員が疲弊し、大量退職につながるケースもある。経営陣は自分たちの心配以上に、現場の社員の人生に与えた影響、そしてそれが自身の経営監督や執行の不足から生じた影響であることを深く反省し、最大限のサポートを行っていただきたい。

5.3 品質不正の危機対応事例

このように、予兆情報を察知し、初動調査、対応を行い、これを踏まえて経営陣が危機対応の意思決定をし、具体的な実務アクションを進めていくことが通常の手順である。しかし、多くの過去事例ではさまざまな認知バイアスが危機対応の邪魔をし、スムーズな対応を阻害してきた。ここではそのような失敗事例を紹介する。

5.3.1 不正発覚後1カ月半後の公表が叩かれたわけ

ある上場企業のグループ会社において、品質不正事案（検査データを改ざんし規格外品を出荷）が発覚した。この際、各グループ会社において早期に調査を実施し、その結果を親会社に報告した。親会社、グループ会社は記者会見を実施してこれを世間に報告し、適時開示も実施した。不正によく気付き、その後の危機対応も比較的迅速であったとして当時賞賛されもした。

この事案を契機に親会社はグループ全体で不正の存否について調査を実施し、他のグループ会社においても不正が発生していたことを確認した。

にもかかわらず、親会社はこの情報の覚知後1カ月半経過してから公表した。その記者会見には社長ではなく副社長が出席し、しかもその直後には主力事業

でも不正があったことが明らかとなった。このように、迅速性の欠如、重大性を認識していない会見出席者の選定、さらに"情報を小出しにした"という点でマスコミや社会から批判を受けた。

5.3.2　不祥事が続いたら、より迅速かつ丁寧な危機対応が必要

　筆者としてはこの経緯には情状酌量の余地があると考える。というのも、同社では最初の不正発覚を契機としてグループ全体で不正を明らかにしようとする取組みをまじめに行った。それによって"膿が出た"のであり、その事実を慎重に調査し、影響度の大きい顧客から順々に説明を行い、行政にも説明し、という手続きを踏んでいた。これは筆者が既に述べた対応フローにも即している。機能性や安全性にほとんど影響がないのであれば、1カ月半のタイムラグを世間がそこまで非難する必要があるだろうか。前述した公表の必要性やタイミングに関する一般的な考え方を踏まえると、なおさらそう思われるだろう。同社経営陣や担当者も、同じように思ったのではないかと推測する。

　一方で、すでに1年前に品質不正事案が発覚しており、世の中は同社に対して色眼鏡で見ている状況であった。すなわち、他にも不正があるのでは、という疑いの目で見られていた。そしてそのとおりに他のグループ会社における主力製品についても深刻な不正が発覚したのである。であれば、通常よりも迅速かつ丁寧な危機対応を行わなければ、世間はさらに失敗を非難し、それが信頼低下につながってしまう。そのような認識を経営陣が持つべきであった。

　その認識にもとづき、できるだけ早いタイミングで、社長自らが全責任を背負って会見に登場し、出せる限りの情報を出し、誠意を見せることが望ましかった。

　危機対応においては、「うちはまじめにやっているのだから許してくれるだろう」とか、「うちのファンや関係者はわかってくれるだろう」という期待は通用しないことを改めて肝に銘じておきたい。

5.4　危機対応のための平時の準備

　これまで述べてきたように、情報把握後すばやく初動対応し、危機対応の意思決定から認知バイアスを排除して成功確率の高い意思決定を行い、実務部隊がスムーズに対応できるようにしておくことが重要である。これを可能にする

第5章　不正覚知後の危機対応

ための平時の準備も含めて危機管理活動といえる。

　具体的には、危機対応の基本方針、フロー、危機レベル判断、意思決定事項、実務対応の役割分担、有事広報対応も網羅した全社的危機管理マニュアルや、個別リスクごとの手順書を作っておき、定期的に見直すことが理想的だ。

　ただし、大それたものを作ると時間と費用がかかる。自社の身の丈にあったもの、少なくとも危機対応の基本方針と、上記要素の一部だけ(特に初動対応と意思決定すべき重要項目)でも「見える化」しておけば、危機対応に失敗するリスクは低減できる。

　また、いきなり規程類の文書作りから始めなくとも、まずは経営陣や管理職に危機対応の難しさを意識づけさせるための研修実施からスタートしてもよい。

　あるいは、他社の失敗事例を定期的に周知し、その問題点や、もし自社で起こった場合にどうなるかを考えさせるだけでもよい。その積み重ねが役職員の意識変革を促す。

　もちろん、外部専門家の支援を受けた危機管理マニュアルのブラッシュアップ、周知・啓発研修、シミュレーション訓練や記者会見訓練といった危機管理体制構築の取組みは理想的であるが、まずはできることから少しずつでも手を付けていただきたい。

おわりに
過去の不正への向き合い方、そしてこれから

　2010年代後半以降、わが国の大手メーカーにおいて品質不正事案が次々と発覚してきた。これは経済団体の旗振りの下に、各企業がまじめに過去の品質不正を洗い出そう、膿を出そうとしてきたことの成果であり、その取組みは賞賛されるべきである。各社は過去の悪習に誠実に向き合い、体質改善に取り組んでいる。

　ただ、すでに述べたように過去の不正をことごとく突き止めようとすれば、従業員は精神的に追い詰められ、また「会社の利益のために」という"曲がった"理念にもとづいて隠そうとするだろう。現場では何も問題は発生していない、品質管理ルールにもとづいてしっかりと対応しているというように、美しい外形を装うかもしれない。そもそも過去の品質不正事例を見ると、数字を負う経営陣からの有形無形のプレッシャーにより現場が追い詰められ、あるいは十分なサポートをもらえず、やむなく不適切行為に手を染めるパターンが多かったのである。経営陣が自らの意識や言動をかえりみず、ただ単に現場の表層的な不正を突き止めようとする行為は、現場から見れば責任転嫁とも感じられるかもしれない。隠れた因習をさらに奥深くへ隠す結果を生むかもしれない。

　筆者はこれらの取組みを否定するわけではないが、他にもアプローチの方法があることを紹介したい。

　最近我々が取り組んでいるのは、具体的な不正案件を突き止めるお手伝いではなく、あくまで社風改善のお手伝いである。第4章で述べたように、不正の端緒となる経営陣の意識や言動、社風や環境がないかアンケートやヒアリングで調査をしてみる。そして、もしそのような"芽"があるのなら、経営陣の意識や姿、社風、そして一人ひとりの考え方を変えるためにこんな教育をしよう、あるいは上長のリーダーシップやコミュニケーション力をアップさせよう、という提案をしている。

　経営陣、マネジメント層や現場担当者が一体となって意識改革に取り組むこ

おわりに

とをお薦めしたい。

　まずは経営層の誠実なメッセージの発出、そしてそれを踏まえた率先垂範の言動、具体的な教育計画、特に、不正を行えばこんな不幸が待っていると経営陣自身が深く思いを致したうえで、従業員にも実感してもらえる教育、「自分ごと」と実感してもらえる教育が重要である。

　本書では、過去実際に発生した品質不正事例等をベースに架空の不正事例を提示し、その問題点、課題、これに対する改善策を提示した。また、これら不正を発見した際の初動、さらには会社全体のアクションのポイントについても述べてきた。

　複数の架空事例を読んでみて、読者はどのように感じたであろうか。「こんなことはうちでは起こらない」と安心されたであろうか。それとも、「すでに起こっているかもしれない」と危機感を持ったであろうか。

　筆者は後者であったことを願う。これまで多くの会社の内情を見てきた経験上、「こんなこと」はどの会社でも起こり得る。それは間違いないと断言できる。読者に、"自分ごと"として本書の物語を捉えていただけたなら幸いである。

　そのうえで、である。潜在している具体的な不正を突き止めるアクションをすべきか否か。すでに疑惑が生じていて顧客から調査指示が出ているのであればもちろん対応すべきだ。しかし、そのような兆候がない中であえて個別の不正を発見するアクションが必要か否かは慎重に考えてほしい。

　むしろ、経営陣の考え方や言動、社風、これを踏まえた従業員の品質意識に問題がないか、部門内外でのコミュニケーション不足がないか、そこにスポットをあてていただくことを改めて提案したい。会社の根幹にかかわる従業員意識の調査、分析は、品質不正にとどまらず、会計不正、知的財産流出、そしてハラスメント等、さまざまな不祥事を防止するためにも有用である。また、役職員のモチベーションアップ、ロイヤリティアップ、ひいては会社の成長にもつながる。そして、このような調査、分析は、例えば従業員満足度調査やエンゲージメントサーベイに質問を加えることでも実施できる。

　まずは自社でできる調査からやってみて、それで不穏な状況が見え隠れするようであれば、我々のようなコンサルタントに本格的な品質意識調査の支援を依頼するのも選択肢である。

おわりに

　それと同時に、まずは自社でできることから改善していただきたい。経営陣自身が他社事例を知り自らの意識と言動をかえりみること、それを踏まえて、従業員への品質コンプライアンス教育をやってみてほしい。ネガティブなことから話すのではなく、あなたが作っている製品は、販売しているサービスは、最終消費者にこんな風に喜ばれている、あんな風に社会の役に立っている。このように、仕事の意義や成果を改めて伝えてあげてほしい。そしてそんな素晴らしい仕事で問題を起こせば、ユーザーも、お客さまも、会社も、あなた自身も、そしてあなたの家族にもこんな不幸が起こる。実際に他社でこんなことが起こり、従業員もこんな状況に追い込まれた、とストーリーで語りかけてほしい。そうすれば、役員も従業員も、品質に対する"まっとうな意識"を自分ごととして持つことができるはずだ。

　今後も、品質不正に関する報道は続くだろう。その度に、顧客、行政機関、あるいは消費者から「おたくは大丈夫なのか？」という疑いの目を持たれるかもしれない。ただ、上記のような地に足をつけた調査活動や教育活動を続けていれば、そしてその活動のベースに経営陣自身の意識改革と率先垂範の姿があるのならば、他社でどんな事案が起こったとしてもしっかりと説明できるはずだ。また、万が一具体的な不適切事案が発生したとしても、すぐに覚知して報告し、適切な意思決定を行って、危機対応を粛々と進めていけば、自社の信頼を維持し続けることができるはずだ。

　読者のお一人おひとりに本書を活用いただくことで、モノづくりニッポン、おもてなしの国ニッポンの信頼性向上につなげることができれば、筆者としては満足である。

　本書の発行にあたっては、現場のコンサルティングを行うなかでのお客様からの助言はもちろん、ＳＯＭＰＯリスクマネジメントの上司、同僚コンサルタント、さらにはそのご家族からも多大な支援をいただいた。また、株式会社日科技連出版社の鈴木兄宏取締役、編集担当木村修氏には、発行に至るまでのさまざまな問題解決をサポートいただいた。ここに深く感謝申し上げる次第である。

2024年9月

著者を代表して
古字　朗人

参考文献

[1] Bee Wilson 著、高儀 進　訳：『食品偽装の歴史』、白水社 2009 年
[2] 狩野紀昭、瀬楽信彦、高橋文夫、辻新一：「魅力的品質と当り前品質」、『品質』、Vol.14、No.2、pp.147-156、1984 年.
[3] Cressey, D. R.：Other people's money；a study of the social psychology of embezzlement, Free Press, 1953.（『他人の金―横領の社会心理学に関する研究』）
[4] 日本経済団体連合会：「品質管理に係わる不適切な事案への対応について」、2017 年 12 月 4 日
https://www.keidanren.or.jp/announce/2017/1204.html）(2022 年 2 月 10 日閲覧)
[5] 日本弁護士連合会：「「企業等不祥事における第三者委員会ガイドライン」の策定にあたって」
https://www.nichibenren.or.jp/library/ja/opinion/report/data/100715_2.pdf
（2010 年 7 月 15 日、同 12 月 17 日改訂、2023 年 2 月 23 日閲覧）
[6] 第三者委員会報告書格付け委員会
http://www.rating-tpcr.net/

索　引

【数字・A-Z】
4M　63
IR　144
Know Why　85
SNS　46、105、143
ST基準　43、44
TQRDC　54
UL規格　21

【あ行】
アメリカ保険業者安全試験所　21
売上至上主義　24、27

【か行】
階層別教育　87
拡散伝達力　141
監査　61
機会　9、10、12、13
危機対応　118
企業等不祥事における第三者委員会
　ガイドライン　130
危機レベル　122
教育体制　74
業界任意規格　44
行政罰　78
緊急記者会見　141
緊急発信力　141
刑事罰　78
傾聴　92
原因究明　79
けん制機能　58
公益通報者保護法　113、123
顧客満足　53、54
顧問弁護士　131

【さ行】
サイレントチェンジ　44、45
産地偽装　50
重大性判断　121、122
重要事項意思決定　128
正常性バイアス　42
正当化　9、10、12、13

【た行】
対策本部　128
第三者委員会報告書格付け委員会
　132
第三者調査委員会　130
チョコ停　68
データ改ざん　16、17、110
データのねつ造　28
データを流用　46
動機　9、10、12、13

【な行】
内部告発　109、112、114
内部通報　105、111、112
日本玩具協会　44
納期　68

【は行】
品質　5
品質意識　24
品質教育　24
品質コンプライアンス　7
品質不正　2
品質方針　53
品質保証体制　58
品質保証部門の権限　24、59
風評被害　77
不正のトライアングル　9、10、12
プレスリリース　141、142
法令遵守　8、82
褒める　90

【ま行】
メディア対応　77、82
目標設定　73

【や行】
有事広報　138

【ら行】
利益優先　47
リコール隠し　109、110
リコール対応　78

155

執筆者紹介

古字 朗人(こじ あきひと)
危機管理コンサルティング部　上席コンサルタント
執筆担当：はじめに、第1章、第2章、第5章、おわりに

安藤 悟空(あんどう ごくう)
リスクエンジニアリング部　上級コンサルタント
執筆担当：第3章、第4章

品質不正はなぜ起こるのか

2024年11月2日　第1刷発行

著　者　SOMPOリスクマネジメント株式会社

発行人　戸　羽　節　文

発行所　株式会社　日科技連出版社
〒151-0051　東京都渋谷区千駄ヶ谷1-7-4
渡貫ビル
電　話　03-6457-7875

検印省略

印刷・製本　株式会社三秀舎

Printed in Japan

© SOMPO Risk Management Inc. 2024
ISBN 978-4-8171-9805-1
URL https://www.juse-p.co.jp/

本書の全部または一部を無断でコピー、スキャン、デジタル化などの複製をすることは著作権法上での例外を除き禁じられています。本書を代行業者等の第三者に依頼してスキャンやデジタル化することは、たとえ個人や家庭内での利用でも著作権法違反です。